한국영화 100년사 시리즈 ⑪

# 동아수출공사 반세기 이우석

한국영화 100년사 시리즈 ⑪

# 동아수출공사 반세기

# 이우석

한국영화 100년사, 현존하는 최고의 영화사

한국영화사의 산 증인 이우석 회장

안태근 지음

# 글을 시작하며

안태근

나의 마흔 번째 책의 주인공은 바로 ㈜동아수출공사 이우석 회장이다. 한국영화 100년사 관련서를 집중적으로 출간했는데 내게 『동아수출공사 반세기 이우석』을 집필할 수 있는 기회는 개인적으로 영광이다. 글을 쓰며 그의 삶을 통해 많은 것을 배우고 느꼈다.

한국영화 100년사를 통해 많은 분들을 만났지만 그는 그중에서도 특별하다. 그는 일제강점기에 태어나 국민학교도 채 마치지 못하고 한국전쟁시기 항도 부산에서 온갖 시련을 겪는다.

그는 스무 살까지 고된 사회생활을 하고 맨주먹으로 영화계에 입문해 결국 자신의 영화사 동아수출공사를 세우고 85편의 한국영화를 제작한 거인으로 우뚝 선다.

그리고 2023년, 인천 항동에 넥스트 스튜디오를 건립하여 거인의 족적을 남겼다. 그의 삶은 많은 이들에게 교훈을 주고 희망을 건네줄 것이다.

누구에게나 그같은 성공된 삶을 허용하지도 않겠지만 그와 같은 국민학교 중퇴와 신체적 장애를 갖고도 그는 성공한 삶을 살 수 있다는 것을 보여준다. 신은 인간에게 고난과 극복의 의지능력 두 가지를 주었는데 그는 이 두 가지를 슬기롭게 풀어내는 지혜를 보여 주었다.

특히 구순을 맞아서도 건강하고 왕성한 활동으로 존재의 이유를 잊지 않고 있다. 목표가 있는 한 그는 청년이다. 그 목표를 향해 하루하루를 의미있게 보내는 이 회장을 보며 새삼스러운 존경의 감정이 앞선다.

그의 지금 목표는 무엇일까? 그가 세운 새로운 목표를 축원하고 그가 건강을 유지하며 한국영화의 후배들로부터 진정 살아있는 전설로 우리 곁에 더 오래 계시기를 염원해본다.

너무도 많은 만남을 통해 친숙해지며 혹시 균형감을 잃을 수 있고 독자들에게 그러한 감정이 혹시나 일반적인 자서전 류로 보이지 않을까 하는 걱정도 앞선다.

이 책은 한국영화 100년사의 학술적인 이야기보다는 이우석 회장의 인간적인 면에 포커스 인 했다. 이 시대의 어른으로 그에게서 본받을 점은 너무도 많다. 이 책의 모든 글은 10여 년을 만나며 보고 느낀 소회이다. 단 하나의 과장도 없는 있는 그대로의 순수한 글임을 밝힌다.

# 이우석 회장 연보

| | |
|---|---|
| 1935년 | 10월 15일 경상북도 성주군 초전면 봉정리 575번지에서, 이기만(李基萬) 선생과 유월임(俞月任) 여사의 2남 2녀 중 장남으로 출생 |
| 1937년 | 3세 때 부친이 징용 가 있는 일본 규슈로 모친과 함께 건너감 |
| 1945년 | 광복 후 고향으로 돌아왔으나, 1947년 부산으로 이주 |
| 1950년 | 6.25전쟁 중 부산의 부평유리점 사환으로 사회생활 시작 |
| 1953년 | 덕신공사에 취직하여 극장 입회원 등의 업무를 봄 |
| 1961년 | 덕신공사와 공동으로 외화 〈물망초〉 수입에 투자<br>아카데미극장에서 개봉한 〈물망초〉는 서울 관객 12만 명의 성공을 거둠 |
| 1967년 | 1월 24일 서울 삼일로에서 동아수출공사 창립 |
| 1968년 | 〈미워도 다시 한번〉 대만 수출 |
| 1969년 | 〈공군대전략〉 수입하였으나 흥행 실패 |
| 1970년 | 8월 29일 주식회사 동아수출공사 창립 |
| 1971년 | 제10회 대종상 영화수출장려상 수상 |
| 1973년 | 〈황사진〉을 필두로 한국영화 제작 시작<br>이소룡이 〈사망유희〉 촬영 중 사망하자 그 대역으로 당룡(김태정)을 발탁 |
| 1974년 | 이규환 감독 은퇴작 〈남사당〉 제작 |
| 1975년 | 국내 최초 미국 로케이션 〈애수의 샌프란시스코〉 제작 |
| 1978년 | 〈사망유희〉 완성, 개봉 |
| 1981년 | 〈바람 불어 좋은 날〉 제17회 백상예술대상 작품상 수상 |
| 1985년 | 서울 역삼동에 동아극장 개관<br>국내 최초 미국 올로케이션 〈깊고 푸른 밤〉 개봉<br>〈깊고 푸른 밤〉 제30회 아시아태평양영화제 작품상 수상 |

| | |
|---|---|
| 1986년 | 〈겨울 나그네〉 제1회 영화진흥공사 선정 좋은 영화상 수상 |
| 1989년 | 〈칠수와 만수〉 제25회 백상예술대상 작품상 수상 |
| 1990년 | 주식회사 영성프로덕션 설립 |
| | 〈그들도 우리처럼〉 제11회 청룡영화상 작품상, 제1회 춘사영화예술상 작품상, 제5회 싱가포르국제영화제 그랑프리 수상 |
| 1992년 | 제30회 대종상 공로상 수상 |
| | 〈천국의 계단〉 제28회 백상예술대상 최우수작품상 수상 |
| 1994년 | 대만 드라마 〈판관 포청천〉 수입하여 KBS 2TV에서 2년간 방영 |
| 1996년 | 〈돼지가 우물에 빠진 날〉 제16회 영평상 신인감독상, 제15회 벤쿠버국제영화제 영시네마부문 최우수작품상 수상 |
| 2000년 | 서울 반포 센트럴시티에 센트럴6 시네마 개관 |
| 2001년 | 국민훈장 보관문화훈장 수훈(김대중 대통령) |
| | 동아엔터테인먼트 설립 |
| | 분당에 씨네플라자 개관 |
| 2007년 | 제15회 이천춘사대상영화제 아름다운 예술인상 수상 |
| 2011년 | 국민훈장 동백장 수훈(이명박 대통령) |
| 2016년 | 제16회 자랑스런 한국인대상 수상(영화진흥 부문) |
| 2019년 | 제1회 대한민국 위대한국민 대상 수상 |
| 2020년 | 국무총리 표창 수상(정세균 국무총리) |
| 2022년 | 인천 항동에 넥스트 스튜디오 오픈 |
| | 제12회 아름다운예술인상 공로상 수상 |
| 2023년 | 문화회에 기부한 3억 원을 기금으로 한 우석 동행문화상 시상 계획 수립 |
| | 제43회 영평상 공로영화인상 수상 |
| 2024년 | 2024 자랑스러운 한국인 국가발전 문화부문 대상 수상 |
| 2025년 | 제1회 우석 동행문화상 시상 |

# 발간에 즈음하여

이호성((주)동아수출공사 대표이사)

1895년 필름으로 출발한 영화의 역사가 현재는 디지털화되어 가고 있습니다. 영화의 역사가 벌써 130년에 이르는데, 한국에서는 1970년에 설립되어 현존하는 ㈜동아수출공사가 긴 역사를 갖고 있습니다. 당시 함께 활동하던 많은 영화사를 이제는 찾아볼 수 없습니다. 1969년에 설립된 우진필름이 파이오니아로 현존할 뿐입니다.

이러한 지금 동아수출공사의 창업주이신 저희 아버님을 재조명하는 신간이 '한국영화 100년사' 시리즈로 출간되니 가슴이 벅찹니다.

어려서부터 아버님은 불의와 타협하지 않고 본인이 힘드셔도 어려운 분들을 도우려고 노력하셨습니다. 항상 정직을 기본으로 일을 하여야 모든 일에 좋은 성과를 얻을 수 있다는 신념을 저에게 심어주셨습니다. 저도 또한 식구들에게 아버님의 신념을 지켜나가며 살아가자고 이야기합니다.

지금 모든 형태가 아날로그에서 디지털 시대로 넘어가고 있는 시점에서 영상 산업도 디지털 시대를 맞이하여 거기에 맞게 적응해 나가야 한다고 생각합니다. 영상의 포맷도 단지 영화나 드라마에서 벗어나 여러 형태로 변하고 있습니다. 이러한 디지털 세상에 잘 적응을 해야 미래가 있다고 생각합니다. 동아수출공사는 인천 항동에 넥스트 스튜디오를 건립해 이러한 추세에 발맞추어 나갈 것입니다.

이번에 발간되는 이 책은 단지 과거 영화사의 한 기록이 아니라 지금까지 한국 영상 사업의 큰 축에 대한 기록입니다. 이 기록이 미래의 영상 사업을 끌고 가는 많은 분에게 좋은 영감을 주어 K컬처가 세계 영상 문화의 선두주자가 되어주기를 바랍니다. 이 책을 집필하신 한국영화100년사연구회 안태근 회장님에게도 감사의 말씀을 전합니다.

추천의 글

## 우리 영화계의 신사, 이우석 회장

구중모(촬영감독)

나는 1970년대 동아수출공사에서 〈밀명객〉, 〈흑룡강〉, 〈악인이여 지옥행 열차를 타라〉, 〈흙〉, 1994년에 〈장미의 나날〉을 촬영했다. 돌이켜보건대 이우석 회장님은 1970년대 활동하던 20개 영화사 대표 중에서 가장 존경받아 마땅한 분이다. 천성이 순수한 분이기도 하지만 영화인들의 인심을 잃지 않고 신임을 받은 분이다. 보통 3개월짜리 어음으로 개런티를 받던 시절에 이 회장님은 달랐다. 한 달짜리 어음이었으며 게다가 최고의 개런티였다. 한마디로 신사였다.

2000년대 3D 입체영화를 제작하던 나는 동아극장에 사무실을 얻어 이 회장님을 가까이서 자주 뵈었다. 항시 미소로 따뜻하게 대해주시던 그때를 잊지 못한다. 지금도 아침마다 안부 카톡을 주시는데 감사할 뿐이다. 인간적으로 존경심을 갖게 된다. 이 책을 집필한 안태근 감독에게 박수를 보낸다.

추천의 글

# 한국 무예영화의 대부, 이우석 회장

바비 김(재미 무예영화배우)

동아수출공사의 이우석 회장은 특히 많은 무예영화를 제작하며 한국무예영화에 관한 한국 내 일인자라고 생각한다. 나는 다른 영화사에 전속되어 동아수출공사 작품에 출연할 수가 없었다. 하지만 이우석 회장님의 태권도영화 사랑이 남다르다는 것을 알고 있었다. 세계태권도연맹의 김운용 총재나 국제 가라테연맹의 최배달 총재와도 절친인 이우석 회장은 〈사망유희〉의 한국 측 제작사이고 당룡의 매니저이기도 했다.

그리고 성룡 출연의 1970~1990년대의 모든 영화를 수입, 배급하였다. 그래서 성룡이 양아버지처럼 따르고 한국에 올 때마다 인사드린다고 들었다. 세계 무술인들은 이소룡을 존경할 수밖에 없다. 그가 남긴 발자취는 그 누구도 해내지 못한 경이로운 일들이다. 그렇듯이 이우석 회장이야말로 한국의 무예영화인들의 존경을 받을 만한 분이다. 책의 저자 닥터 안의 건승을 빈다.

추천의 글

# 한국영화의 큰 버팀목이 되어 준 이우석 회장

신영균(신영균예술문화재단 설립자 명예회장)

이우석 회장님의 인생 이야기를 담은 책을 만나게 되어 매우 기쁩니다. 91세의 나이에도 불구하고 여전히 세상을 향한 열정과 한국 영화산업을 향한 깊은 애정을 보여주시는 그의 삶은 진정으로 귀감이 됩니다. 그의 경력은 한국영화의 발전사와도 밀접하게 연결되어 있으며, 특히 동아수출공사의 역사는 한국영화가 세계로 뻗어나가는 길에서 선구적 역할을 한 중요한 이정표입니다.

이우석 회장님은 영화 제작과 수출에 있어서 뛰어난 통찰력과 성실함으로 여러 난관을 헤쳐 오셨으며, 그의 작품들은 많은 이에게 감동과 영감을 주었습니다. 그는 성공적인 영화 제작자이자 동시에 자신의 신념과 열정을 굽히지 않는 강직한 인물입니다. 그의 노력과 헌신은 후배 영화인들뿐만 아니라 우리 모두에게 귀감이 되고 있으며, 한국 영화산업의 지속적 발전을 위해 큰 버팀목이 되어 왔습니다.

그가 남긴 기록과 업적은 앞으로도 오랫동안 우리 영화계의 귀중한 유산이 될 것입니다. 400여 페이지에 달하는 이 책은 그의 생애와 도전, 성취의 흔적을 고스란히 담고 있어 많은 이들에게 깊은 울림을 줄 것이라 확신합니다. 또한, 그의 인생에 깃든 열정과 성실함은 후배 영화인들이 앞으로 나아갈 길에 든든한 길잡이가 될 것입니다.

이우석 회장님의 삶과 업적은 동아수출공사가 보여준 끊임없는 도전과 혁신의 의미를 다시금 일깨워주며, 한국 영화산업이 글로벌 무대에서 지속해서 성장할 수 있는 원동력을 보여줍니다. 그의 진심 어린 헌신과 끈기는 오늘날 우리 모두가 본받아야 할 귀중한 자산입니다.

이 책이 영화계와 더 넓은 문화예술계에 많은 영감을 주기를 기대하며, 앞으로도 그의 행보에 무한한 존경과 찬사를 보냅니다. 이우석 회장님의 인생 이야기가 많은 이에게 희망과 용기의 메시지가 되기를 진심으로 바랍니다.

# 추천의 글

## 오직 영화에만 평생을 바친 한 거인의 기록

임대근(한국영화학회 회장,한국외대 컬처·테크 융합대학장)

한국영화사는 단지 스크린 위의 작품들로만 완성되지 않는다. 영화의 장면을 만들어내는 이면에는 수많은 기획자와 제작자는 물론 도전을 두려워하지 않은 개척자들이 있었다. 이우석 회장은 그중에서도 독보적인 위치를 차지한다. 그는 20세기 한국영화의 산업 기반이 형성되는 가장 격동적인 시기를 온몸으로 돌파해 낸 창조자였다.

이 책은 한국영화 100년의 역사를 몸소 살아낸 한 인물의 삶을 통해, 산업, 문화, 정신의 역사로서의 영화사를 재구성한 기록이다. 또한 "정직이 '빽'이다"라는 철학으로 오직 영화에만 평생을 바친 한 거인의 기록이기도 하다.

무엇보다 흥미로운 점은, 이우석 회장이 제도권 교육을 받지 못한 무학의 제작자였다는 사실이다. 그는 국민학교 중퇴, 전후(戰後)의 가난, 신체적 장애라는 중첩된 조건 속에서도 좌절하지 않고 부산의 극장 검표원에서 시작하여, 결국 자신만의 영화사를 세우고 85편에 이르는 한국영화를 제작했다. 한 세대의 흥행을 이끈 콘텐츠 제작자이자 외화 수입자, 한때 당룡과 성룡을 포함한 아시아 영화인들과의 네트워크 중심에 서 있던 국제적 중개인이었던 그의 삶은, 자체로 한국영화의 역사다.

이 책이 특히 값진 까닭은 저자인 안태근 교수가 이우석 회장을 오랜 시간 긴밀히 인터뷰하고 동행하며 쓴 결과물이기 때문이다. 안 교수는 단순한 기록자가 아니라, 지난 10년간 '한국영화100년사연구회'를 이끌며 방대한 구술 자료와 세미나 기록, 미공개 사료들을 축적해 온 실증 연구자이다. 2013년 4월부터 2022년 1월까지 꼬박 9년간, 매달 마지막 주 토요일마다 이어진 100회의 세미나는 그 자체로 한국영화사의 귀중한 아카이브이며, 이 책 역시 그 거대한 집념과 성실성의 연장선상에서 탄생한 작업이다.

이 책은 이제 막 영화산업에 발을 들인 신진 창작자뿐 아니라, 한국영화를 산업적·사회적 맥락 속에서 이해하고자 하는 연구자에게도 도움이 될 것이다. 단지 과거를 회고하기 위한 텍스트가 아니라, 오늘의 영화인에게 시대를 돌파하는 정신, 인간 중심의 철학, 영화제작의 '윤리적 기반'을 제기하는 동시대적 의미를 갖는 책이기 때문이다.

한 사람의 인생이 이렇게까지 한국영화사의 변화를 증언할 수 있다면, 우리에게는 그 생애를 기억하고 기록해야 할 책무가 있다. 이 책은 바로 그 책임을 충실히 이행한다. 이제는 다음 세대가 이우석이라는 이름을 기억하고, 그가 남긴 '정직과 열정의 족적' 위에 새로운 영화사의 미래를 써 내려갈 차례다.

추천의 글

## 한국영화 100년의 기록, 이우석 회장

한옥희(영화평론가)

이우석 회장의 70년 영화인생을 한 편의 파노라마처럼 펼쳐 보이는이 책은 한국에서 가장 긴 역사를 기록하고 있는 동아수출공사 이우석 회장의 인생 여정을 여과 없이 있는 그대로 보여준다.

"당시 한국영화가 일본영화에 견주어 많이 낙후되어 있었는데, 이를 개선코자 영화제작을 시작했습니다. 그리고 한국영화에 제 삶을 다 바쳐 오늘에 이르렀습니다."

이렇듯 1960년대 영화계 말단 사원으로 영화 인생의 첫발을 내디디며, 1967년 ㈜동아수출공사를 설립한 후 〈미워도 다시 한 번〉을 대만에 수출해 한류의 토대를 닦았고, TV 드라마 〈판관 포청천〉을 들여와 시청률 30%를 넘어서는 신드롬을 일으키기도 했다.

그가 제작한 영화들은 1970~1980년대 흥행에 성공하고 국내외 각종 영화상을 수상하였다. 작품의 예술성도 높이 평가받은 85편의 영화를 제작하고, 〈클리프행어〉, 〈007 죽느냐 사느냐〉, 〈원초적 본능〉, 〈늑대와 춤을〉 등 161편의 외화를 수입하였다.

㈜동아수출공사 이우석 제작의 영화를 통해 한국영화계의 김지미, 안성기, 김혜자, 이덕화, 장미희, 정윤희, 김자옥, 강석우, 강수연, 박중훈 등의 스타들이 떠올랐다.

오늘날 전 세계를 휩쓸고 있는 K-무비의 중심에 서서, 영화를 제작하던 시절을 거쳐서, 1980년대 강남대로에 '동아극장'을 비롯하여, 복합 상영관 사업에 뛰어들었다. 그리고 2020년대 영화의 지평을 무한대로 넓히기 위해, 인천에 첨단 영상제작 스튜디오 '넥스트 스튜디오 인천'을 개관한다. 새로운 역사와 미래를 펼치는 오늘에 이르기까지, 이 책은 '영화에 미쳐, 영화에 일생을 바친' 이우석 회장의 '한국영화 100년사'의 기록이다.

한 편의 파노라마처럼 펼쳐지는 이 책은 '영화밖에 모르고, 영화와 함께 살아온 주인공'의 기록으로, '정직'과 '통찰력'으로 새로운 역사를 만들어 낼 수 있다는 신념과 희망의 메시지를 우리에게 전해준다.

이와 같은 '한국영화 100년사 시리즈'는 한국영화사에 남겨야 하는 필요한 기록이며 이런 기록을 이어 가는 안태근 교수에게 격려의 박수를 보낸다.

# 목차

## 2장. 한국영화 100년, 동아수출공사 반세기



## 3장. 한국영화 100년, 그리고 이우석 회장



## 4장. 이우석 회장의 라이프



**이우석 회장 어록**

## 5장. 이우석 회장의 비하인드



## 6장. 이우석 회장의 지인들



## 에필로그

# 프롤로그

한 인물을 탐구한다는 것은 무척 힘든 일이다. 많은 시간을 만나고 그의 이야기를 듣고 겪어야 하기 때문이다. 나로서는 한국영화 연구자로 그와의 만남은 경이로운 일이었다. 그것을 글로 옮기는 일도 벅찬 일인 게 의사소통이 완벽하지 않기 때문이다. 그러나 10년의 세월 속에 많은 시간을 함께하며 나름의 확신을 갖고 이 글을 쓰게 되었다. 그것은 일제강점기에 출생하여 그 어려운 3공 시절에 영화 수출, 수입, 제작자로 입지를 굳혔고 지금까지도 영화인으로서 살아왔기 때문이다.

그는 1935년 10월 15일 경북 성주 출생이다. 그는 3살 때인 1938년에 부모님 따라 일본으로 가서 초등학교를 다니다가 10살 때인 광복 후 귀국했다. 일본에서 7년간 거주한 것인데 초등학교 3학년 때 시모노세키에서 배 타고 귀국하였다. 1945년 11월에 경북 성주로 귀향했는데 부친이 투전꾼에게 사기를 당해 더 이상 고향에서 살기 어렵게 된다. 그의 가족이 부산으로 이사를 가게 되며 성주의 봉서국교를 6개월 다니다가 부산의 동신국교로 전학하여 5학년까지 다녔다.

3학년에 전학을 하였기에 동급생보다 2학년을 늦게 다녔다. 당시 14살 때인데 한국어가 서툴러서 학우간에 폭행사건이 일어났다. 그리고 습자시간에 찾아온 상대방 학부형들의 항의에 그는 교장실로 불려가 부산사범대부속국민학교로 전학을 권유받는다. 그러나 그는 학업을 포기하고 삶의 현장에 나서기로 한다.

부친은 완고하여 집을 나와 방랑생활을 시작하는데 자갈치 시장의 유리가게에서 일하며 지낸다. 그러다가 부산의 동아극장을 보며 꿈을 키웠고 결국 극장업계에 발을 디딘다. 1953년에 구상무역(수출지역의 영화를 수입하는 것)을 하던 덕신공사에 입사해 부산 동아극장의 입회원(검표 확인 직원)으로 일하며 영화일을 익힌다. 1962년 동아흥행(국제극장)의 소유자인 다카하시(이홍우 교포)와 아카데미 극장의 방우영 사장과 교유하며 영화계에 안착한다.

부산 대신동에 거주하며 사환 노릇부터 시작해 돈을 모아 서울로 진출한다. 1964년 18살 때의 일로 그는 지방 장사를 끌어다 사업을 시작한다. 1961년, 독일영화 〈물망초〉에 소액 투자한 것이 성공의 실마리가 되었다. 그렇다고 그가 투자했던 영화가 매번 흥행에 성공한 것은 아니다. 그는 1967년에 영화 수출입을 위해 동아수출공사를 설립한다. 그리고 1969년에 거액을 들여 수입한 〈공군대전략〉은 기대했던 흥행실적에 못 미쳐 손해도 컸다.

그는 1970년에 한국영화 제작을 시작하여 85편의 영화를 제작했다. 영화제작자로서 그는 신사로 불린다. 제작부나 연출부가 올린 금액을 깎은 적이 없고 오로지 좋은 영화 만들기에 힘썼기 때문이다. 그가 만든 영화들은 완성도가 높았고 흥행까지 성공하였다. 그것은 그가 일본영화를 보며 가졌던 "일본영화를 능가하는 영화를 만들자"라는 목표를 실현하기 위함이었다.

그는 한국영화 85편을 제작하고 그 많던 재산을 다 쏟아부었다. 신일룡 배우의 은퇴작인 〈황진이〉는 세계적인 영화를 만들고자 일본에서 동시녹음 카메라를 빌려 찍은 대작이었다. 일본영화를 따라잡기 위해서는 예산을 제대로 써야 한다는 생각이었다.

그는 돈을 벌려고 했으면 재벌이 됐을 것이다. 돈 벌 일은 주변에 많았고 솔깃한 제의도 많았지만 오로지 영화 한 길을 걸었다. 합동영화사 곽정환 사장을 비롯한 영화인들은 "대단하다."며 응원해주었다. 그는 한눈 팔지 않고 "정직이 '빽'이다."라는 생각으로 영화 외길을 걸으며 지금껏 무탈히 살아왔다. 그의 말년의 꿈은 영화 스튜디오 건립이었다. 인천 항동의 넥스트 스튜디오 건립은 그러한 꿈의 실현이다.

그에게는 그의 고향인 성주 출신의 인사들로서 유명 인척들이 많은데 이효상 전 국회의장, 이태영 전 대구대 총장 등이다. 그외 친구인 김철오, 김일환, 최해규, 이종생, 윤재한, 삼성생명의 이수빈 전 회장 등과 가까이 지냈다. 그의 인맥은 관계, 정치계, 문화계, 체육계까지 상상을 초월하는데 단 한 번도 그들에게 사업적인 부탁을 하지 않았다고 한다.

그가 문화산업을 한 건 기적 같은 일이라고 회고한다. 그것은 우연은 아니고 목표를 일찍 설정하여 밑바닥부터 경험을 하며 무에서 유를 창조해낸 것이다. 정직을 신조로 평생을 열정적으로 살아온 이우석 회장의 삶은 읽는 이들에게 많은 교훈과 감동을 줄 것이다.

2025년 5월 7일 저자

책을 내기로 결정한 2022년 이우석 회장과 필자

1장.

# 다큐 세상 이우석 회장

이우석 회장의 고향에 있는 700여 년 된 은행나무

# 이우석 회장의 고향, 성주

이 회장의 고향은 경북 성주이다. 대구광역시의 근교인 성주는 참외가 특산물이다. 성주는 경북을 대표하는 곳은 아니지만 인물이 많이 나고 명당스러운 곳이다. 일례로 세종대왕을 비롯한 왕실의 태를 보관하는 태실이 위치했다. 바로 그 근처에 이우석 회장의 생가가 있다.

이곳에서 세 살 때까지 살다가 부모님 따라 일본 규슈(九州)로

세종의 왕자 중 18명의 태(胎)를 모신 태실

가서 살았다. 열 살 때인 1945년 광복을 맞아 고향에 돌아온다.

초전면의 초전국민학교 봉서분교를 다니다가 생활고를 겪게 되자 일거리를 찾아 부모님이 부산으로 이사하며 고향을 떠나게 된다.

성주 출신 중에는 유명인이 많은데 우선 박정희 대통령의 고향이 성주이다. 구미로 알려져 있지만 성주에서 태어나 어릴적에 구미로 이사했다. 그외 대법관, 판검사, 정치인, 경제인이 즐비한데 한계마을은 인물이 많이 나기로 소문난 곳이다.

이곳에 조상묘를 모아 선산을 마련하고 이 회장 자신의 묘

자리도 마련해 놓았다. 이 회장은 고향이 그리우면 훌쩍 SRT를 타고 내려간다. 이 회장의 고향에 대한 애정은 자부심을 가질 만큼 지극하여 군청에 장학기금으로 일억 원을 쾌척하기도 했다.

동생 이권석의 경희대학교 졸업식에서 부모님과 함께한 이우석 회장 부부

# 이우석 회장의 일가

이우석 회장의 고향은 경북 성주군으로 성산 이씨이다. 이 회장은 성산 이씨(星山李氏) 30세 정언공파(正言公派) 후손으로 조부 이철희(李喆熙)는 경북 성주군 월항면의 이씨 집성촌인 한개마을에 살았다. 한개마을은 훗날 국가지정 문화마을로 지정된 길지로 명당 마을이었다.

성주의 영산은 가야산이고 그 산맥은 형제봉, 수도산, 염속

산, 영취산, 심방산으로 이어지며 그 산 아래 아늑한 곳에 여러 마을이 자리잡았다.

심방산 자락의 성산 이씨 후손의 종중 집성촌인 정화리 마을 앞의 넓은 들은 동쪽으로 오도천, 서쪽으로 백천이 흐르는 풍요로운 곳이다. 한 마디로 배산임수의 길지였다.

1970년 고향을 찾은 이우석 회장 부부

조부 이철희는 슬하에 두 형제를 두었다. 큰아들은 이기동(李基東)이고 둘째아들은 이기만(李基萬)이다. 부친 이기만은 혼인 후 초전면 봉정리의 셋방을 얻어 분가한다.

1935년 일본 규슈 탄광으로 징용을 간 부친은 2년 후 가족들을 일본으로 불러들였다. 당시 징용자들이 모두가 그러한 것은 아니지만 부친이 고향에 홀로남은 처자식을 생각하여 고육지책으로 부른 것이다. 부산에서 관부연락선을 타고 어렵게 찾아간 이국 땅에서 상봉을 하였고 비로소 함께 살게 되었다.

그렇게 시작된 일본 생활은 비참하기 이루 말할 수 없을 정도였는데 이때 누이동생이 태어난다. 그리고 열 살 때까지 살

상경하여 남산에서 이우석 회장 부부

왔다. 지명을 기억하지 못하는데 탄광마을에서 살며 기억조차 사라진 듯하다. 특히나 소학교(국민학교)를 다니며 이지메(いじめる, 왕따)를 당하며 동급생들의 폭력에 시달린다.

일제강점기라서 일본인들이 조선인이라며 멸시를 했는데 아이들까지 덩달아 같은 반의 급우를 노예취급을 한 것이다. 그들은 "조센징, 고상 고상!(조선인, 항복해라!)" 하며 수시로 폭력을 휘둘렀는데 그들에게 굽히지 않았다. 비굴하고 싶지 않아서였을 것이다. 어느날 하교길에 사고가 터졌는데 네 놈이서 달겨들어 몰매를 가한 것이다. 나라 잃은 망국민의 처지가 무엇인지 알 것 같은 시간이 흐르고 지나가던 어른이 말리고서야 폭력은 끝났다.

일제의 항복으로 태평양전쟁이 끝나고 귀환선을 타고 귀향하였지만 부친이 가져온 작은 돈마저 도박으로 날리자 막일이라도 하고자 부산으로 옮겨가게 된다.

부산의 대신동에서 살며 막내동생 이권석(李權錫)이 태어나

쌍용빌딩 사거리 사무실 부근에서 부인과 아들(호성)

는데 나이 차가 열일곱 살이나 난다. 부모님으로서는 늦둥이를 본 것이다.

부산에서는 유리가게 점원부터 시작해 동아극장 검표원을 하며 영화계 일을 시작해 오퍼상인 덕신공사에 취업하며 영화 수입일을 배우고 소액 투자를 시작으로 본격적으로 외화수입을 하게 된다.

이때 부인 황순희를 만나 슬하에 호성, 정은, 주은을 두었다. 그리고 친손주 승진, 승재, 그리고 외손주 네 명을 두었다. 무학자로서 기적을 이루었다는 이 회장은 손녀가 없어서 무뚝뚝한

이우석 회장의 가족. 왼쪽부터 작은딸 가족, 아들 가족, 큰딸 가족(2010년)

손주들이라고 하지만 그만큼 행복한 할아버지도 없다. 수시로 찾아와 인사하고 먼 성주까지도 함께 가니 그 이상 바랄 것이 있을까?

1950년대 말 부산 동아극장 미술실 배우 몽고메리 클리프트 광고판 앞에서

## 젊어 고생담

그는 1935년 10월 15일 출생이다. 그의 부모님은 이기만(1914년생), 유월임(1916년생) 님이고 누이동생 이경옥(1937년생)과 막내 이권석 상무(1952년생) 2남1녀 중 장남이다. 다른 형제는 이미 별세하였다.

그는 3살 때인 1938년에 일본으로 가서 초등학교를 다니다가 10살 때인 광복 후 귀국했다. 일본에서 7년간 거주한 것인데

국제시장 인근 부평유리점 점원으로 일하던 시절

초등학교 3학년 때 시모노세키에서 배 타고 목탄차 트럭 타고 오다가 목탄 연기에 취해 4일간 치료를 받기도 했다.

그들 남매는 부모님 따라 고향인 경북 성주로 돌아왔지만 부친이 사기꾼에게 사기를 당하며 그곳을 떠나게 된다. 그렇게 해서 봉서국민학교를 6개월 다니다가 부산 동신국민학교 5학년까지를 다녔다. 이런 과정에서 다른 학생들보다 2학년을 늦게 다니게 된다. 부산 동신초등학교 5학년 때인 14살 때 급우간에 다툼이 있었다. 한국어가 서툴러 급우로부터 '쪽발이'라고 놀림을 받아 다툼이 시작된 것인데 습자시간에 학부형들 몰려와 다그치며 사건이 불거졌다.

그는 교장실에 불려가 사범대부속국민학교로 전학을 권유받았으나 그것이 공식 학력의 끝이었다. 부친은 완고해 귀가하지 않았고 방랑생활을 시작하는데 남포동시장의 유리가게에서 점원 생활을 시작한다. 그가 문화산업을 한 건 기적 같은 일이다.

친구 따라 동아극장에서 처음으로 흥행사업과 조우한 그는 차근차근 영화계 일에 눈을 뜬다.

당시 부산 내신동에 거주하였는데 해양대학 재학생들과 교유하는 등 주변에 좋은 친구가 많았다. 그는 사환 노릇부터 시작해 해양대생들이 가져온 외국산 물품을 받아 팔며 소규모 상업을 시작하며 자금을 모아 수입업에까지 관여하게 된다. 〈물망초〉에 소자본을 투자하여 흥행에 성공하며 그는 시드 머니를 마련하고 본격적인 영화수입을 시작하게 된다.

부평유리점 점원 시절 친구와 함께

1964년 18살에 서울로 진출한 그는 지방장사로 불리던 투자자의 자금을 끌어다 사업을 시작하는데 구상무역(수출지역의 영화를 수입하는 것)으로 덕신공사를 창립하고 첫 수출을 시작한다. 당시 1962년 동아흥행(국제극장)은 다카하시(이홍우 교포)나 아카데미 극장을 운영하던 방우영 사장과 교류하며 그는 어느덧 영화계에 자리를 잡는다.

해양대 친구들과 함께한 이우석(맨 뒷줄 왼쪽에서 두 번째)

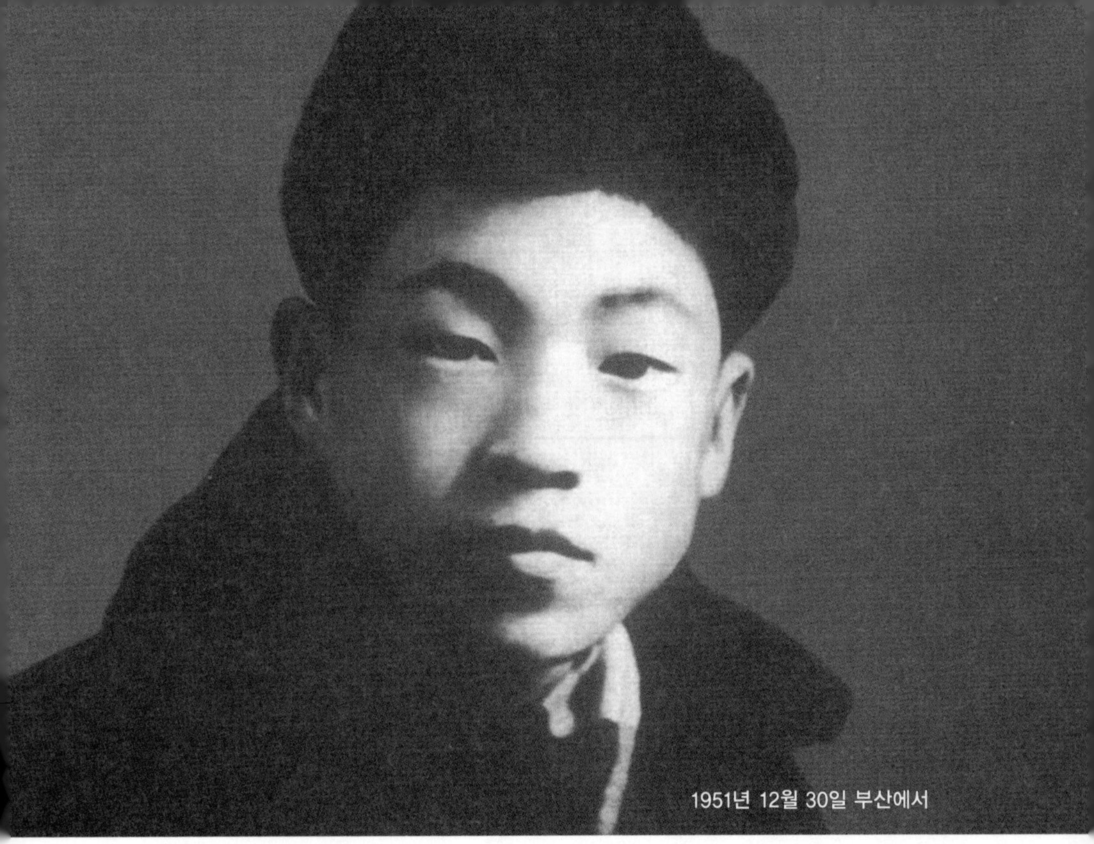

1951년 12월 30일 부산에서

# 회한

이우석 회장은 10대의 젊은 시절, 부산에 살며 일거리를 찾아 일본 밀항을 시도했다. 친구들과 다대포에서 소형 선박으로 밀항을 도모했지만 일기 불순으로 세 번을 실패했다.

당시 밀항에 성공한 세 명의 친구들은 결국 두 달 후에 붙잡혀 오무라 수용소에 갇혔다가 귀국했다.

그때 같이 일본에 갔더라면 어땠을까? 지금도 스스로 자문

일본 밀항 계획을 세우던 청년 시절 부산 바닷가에서(가운데 이우석 회장)

한다. 안 가게 되어 친구의 소개로 무역회사인 덕신공사에 취업해 결국 영화계에 입문하게 되었으니 인생은 새옹지마이고 전화위복이다.

세상살이는 '어디서?'가 아니라 '누구와'가 중요하다. '누구를 만나는가'가 인생에서 성공의 지름길이다. 국민학교도 중퇴하고 졸업장 없는 무학자로서 살면서 무역회사 사환으로 출발하여 한국 굴지의 영화사를 일군 이우석 회장의 성공담은 흔치 않은 이야기로 교훈적이다.

그는 이른 사회생활로 현장에서 일하며 독학을 했고 사회생활을 통해 배움에 대한 갈망을 풀었던 것이다. 하나를 하더라도 두 배의 노력을 기울였다. 그렇게 학업에 대한 집념을 보였던 것이 성공의 열쇠이다.

한국영화 제작과 외화수입을 하며 읽은 시나리오는 수백, 수천 권이다. 그 속에서 인생의 지혜, 삶의 노하우가 자연스럽게 체득되었을 것이다. 그러면서 인생의 모토는 '정직'이 되었다. 정직만큼 중요한 것이 있을까? 학교에서 미처 가르쳐주지 못하는 중요한 덕목이다. 매사에 틀림없는 그에게 자연 시비 거는 이도 없고 사업은 승승장구하고 성공가도를 달렸다.

이우석 회장의 성공 덕목 중 또 하나는 인맥 관리이다. 오늘도 지인에게 전화하며 안부를 묻는다.

부산 동아극장 직원 야유회에서 이우석 회장(앞줄 맨 오른쪽)

## 청소년기

누구에게나 젊은 시절의 아픔은 상존한다. 이 회장에게는 더욱 특별하다. 일제강점기 태어나 일본 규슈에서 초등학교를 다니다가 독립된 조국으로 부모님 따라 귀국한다.

그러나 조국에서의 삶 또한 녹녹지 않았는데 한국말을 제대로 못해 쪽바리라는 놀림과 더불어 가난의 고통에서 벗어나지 못함이다. 게다가 일본에서 동급생들의 집단 구타로 코의 장애까지 있었던 그에게 하루하루는 그야말로 살아남기 위한 투쟁기였다. 그로 인해 그는 4급의 장애인이 되었다.

그는 학업을 중단하고 한 입을 덜기 위한 고육지책으로 유리가게 사환으로 취업한다. 그렇다고 힘든 유리작업을 하지는 못하고 그저 가게를 지키는 사환이었다.

유리가게에서 필수 기술을 익힌 그는 휴전 직후 서울로 와서 방산시장 근처의 유리가게에 취업한다. 그는 일제강점기에 세워진 반도호텔의 유리 보수공사에도 참여하며 서울 생활에 적응해나간다.

그리고 다시 부산으로 내려가 동아극장에서 일하며 영화계 입문을 하게 된다. 이 시기의 힘듦을 슬기롭게 극복해나가며 성년을 맞는다. 이 시기에 영화 수입과 운명적인 만남으로 그의 고생도 막을 내리게 된다.

이런 청소년기부터의 고생이 인생의 디딤돌이 되었음은 부언할 필요가 없다.

23세 무렵 부산 부평동에서 해양대 친구들과 함께 (가운데)

# 영화계 입문

이우석 회장은 부산에서 극장 입회원으로 영화계 입문을 한다. 그렇다고 당시 그 일을 했던 이들이 이 회장처럼 모두 성공한 것은 아니다.

그것은 그의 타고난 운명이라고 할 수 있다. 하루하루 삶의 방편인 아르바이트를 자신의 업으로 삼을 수 있었던 것은 자신의 노력 덕분이다.

그 자신은 학력이 없었지만 그의 친구들은 고졸자나 해양대학교 학생들이었다. 그들과 교유하며 삶의 폭을 넓혔고 작지만 비지니스 수완을 발휘했다.

그는 해양대 학생들이 실습하며 해외에서 가져온 물건들을 사서 되팔며 자금을 모았다. 그런 준비된 사업가로 외화 오퍼상에 취업하며 그는 자연스럽게 독일영화 〈물망초〉에 소액 투자를 하며 운좋게 성공한다.

〈물망초〉의 포스터

그리고 투자자로서 안주가 아니라 직접 나서서 외화수입을 하며 외화수입업자로 자리하게 된다. 그렇게 되기까지 지인들의 도움은 절대적이었다. 그것은 그가 정직하고 솔직하기 때문에 가능한 일이었다.

아울러 그는 학교에서 공부하지는 않았지만 삶의 현장에서 일하며 독학을 했고 사회생활을 통해 배움에 충실한 전도유망한 믿음직한 청년이기에 가능한 일이었다.

일본 출장 중인 이우석 회장(가운데)

# 1960년대 외화수입

당시 외화수입은 큰 돈벌이였다. 외화가 부족했던 시절이라 3천불 내에서 지불이 가능했고 나머지는 언더페이로 추가 지불하였다.

수입이 가능한 외화 편수는 스무 편 정도였는데 1960년대 말에는 3만 불을 호가했다. 그만큼 흥해 수익이 났기 때문이다.

5.16 직후 영화법이 개정되며 한국영화 의무제작이 시작된다.

골자는 한국영화 진흥을 위해 한국영화 제작업자들에게 외화 수입을 허용하는 것이다. 즉 한 해에 4편 이상의 한국영화를 제작한 제작자에게 외화 1편의 수입 권리를 주는 것이다. 결과적으론 의도와 달리 한국영화의 질 저하를 가져와 폐지된 제도인데 시행착오의 시대였다.

이 회장은 한국영화 수출은 물론이고 외화도 한 해에 4편을 수입했었다. 물론 수입하여 국내업자에게 흥행권을 넘겼다. 그는 수시로 일본을 오가며 우수한 외화들을 선별해 수입했다. 일본에서 소학교를 다닌 그의 일본어는 사업에 유용했다.

이 당시에 그는 동아수출공사를 설립할 수 있는 기초자금을 마련했다. 서울에서 하숙 생활을 하던 그는 남산, 지금의 이회영 기념관 터에 있던 3층 단독주택을 마련하여 단독 사무실을 오픈했다. 본격적인 영화수출과 수입의 시작이었다.

**이우석 회장이 수상한 트로피들.**
**왼쪽부터 1971년 제10회 대종상영화제 수출대상,**
**1974년 국제영화예술상 최우수 방화수출상, 우수외화 수입상**

## 1970년대 한국영화 제작

1970년 8월 29일 주식회사로 동아수출공사가 법인 등록되었다. 외화수입을 하던 이우석 회장에게 제작은 난망한 일이었다. 그러나 외화수입을 하던 안목으로 일본영화를 보며 새로운 목표를 세울 수 있었다. “한국영화를 일본영화보다 더 잘 만들면 한국영화도 성공할 수 있지 않을까?”

방법은 단 한 가지, 일류 영화인들을 모아 최고의 영화를 만들자였다. 처음부터 잘 될 수는 없었다. 첫 영화는 김시현 감독의 〈황사진〉이었다. 무술영화 붐에 장르를 정한 것인데 결과는 신통치 못했다.

〈황사진〉의 포스터

홍콩영화가 대안이 되었다. 그들과 〈일대영웅〉 등 합작을 추진하면서 한 편 한 편을 만들어 나갔다. 유현목 감독의 요청을 받아 이규환 감독의 은퇴작인 〈남사당〉을 제작하고 한편으로는 해외로케이션으로 제작을 시작했다. 강범구 감독의 〈황혼의 만하탄〉과 정소영 감독의 〈애수의 샌프란시스코〉를 만들었다. 해외여행이 어렵던 시절 해외를 배경으로 한 영화는 새로울 수밖에 없었다. 훗날 배창호 감독도 미국 올 로케이션으로 〈깊고 푸른 밤〉을 만들었다.

이 시기 문여송 감독의 〈진짜 진짜 잊지마〉 시리즈는 하이틴 영화의 흥행 시발점이 되었다. 최인호 작가는 1976년에 〈걷지 말고 뛰어라〉로 감독 데뷔했다.

1970년대는 홍콩의 이소룡으로 인해 무술영화 붐이 있었다.

〈남사당〉 촬영장에서 이규환 감독(맨 오른쪽)

이 회장은 〈밀명객〉, 〈흑룡강〉 제작 후 홍콩의 골든하베스트사와 업무협약을 하고 이소룡의 유작인 〈사망유희〉의 공동제작으로 마무리를 했다. 이소룡의 대역배우로 당룡을 캐스팅하여 홍콩으로 보내 2년간 호텔에서 묵으며 촬영을 지원했다. 영화는 1980년에 완성되어 개봉된다. 그러나 시대는 바뀌어 성룡의 무술영화가 전성기를 맞았다.

이 회장은 골든하베스트사의 1970년대 영화를 거의 다 수입하였다. 그것은 개인적인 친분보다 꾸준히 신용 거래를 해왔고 홍콩을 내 집처럼 드나들었기 때문이다. 그는 1981년, 홍콩에 지사 설립을 하였다. 영화진흥공사가 설립한 홍콩 지사 한국영화진흥 유한공사를 인수한 것이다.

이규환 감독

한국영화 제작사로 자리잡으며 해외수출의 전진기지를 확보한 것이다. 동아수출공사는 홍콩 전문 영화사로 부각되었다. 성룡은 자연스럽게 한국을 찾아 이우석 회장에게 인사를 오곤 했다.

〈남사당〉에서 주연을 맡은 윤미라 배우

〈바람 불어 좋은 날〉(1980년, 이장호 감독)로
1981년 제17회 백상예술대상 작품상을 수상할 당시의 이우석 회장

## 1980년대 전성기

1980년대는 이우석 회장의 전성기라고 해도 과언이 아니다. 오사원 감독의 〈사망탑〉을 당룡 주연으로 하여 국내 촬영을 유치하며 첫 개봉한 것을 시작으로 골든하베스트사 정소동 감독의 〈생사결〉을 제작지원하며 개봉하며 수입했던 성룡 영화의 폭발적인 인기몰이로 동아수출공사는 돈방석에 앉는다.

이장호 감독의 재기작 〈바람불어 좋은 날〉도 제작하였는데 흥행도 양호하였고 작품성에서 인정받았다. 〈반금련〉은 김기영 감독이 제작하여 심의 문제로 창고에 묵혀있었던 영화인데 늦 개봉하며 화제가 되었다. 당룡의 〈아가씨 참으세요〉는 당룡의 국내 데뷔작으로 당룡과 정윤희가 출연한다.

최인호 작가는 이 시기 동아수출공사의 전속작가와 마찬가지였다. 최고의 대우를 해주니 〈적도의 꽃〉, 〈깊고 푸른 밤〉, 〈겨울 나그네〉, 〈황진이〉, 〈안녕하세요 하느님〉, 그리고 90년대 〈천국의 계단〉까지 이어진다.

흥행작의 양산으로 이 회장은 여세를 몰아 1985년, 강남역 인근에 동아극장을 오픈한다. 오백 평의 대지에 설립한 동아극장은 한국영화의 높아진 위상을 보여주는 사례이다. 극장 사업은 이미 오픈한 장충동의 장충극장을 운영한 바 있었지만 동아극장은 멀티플렉스 극장이었다.

극장 오픈과 더불어 영화제작도 활성화되면서 직원 수는 30여 명에 이른다. 비디오 제작사도 자회사로 만들어 홍콩영화는 극장 상영 후 바로 출시되었다. 자고나면 매출액이 눈에 띄게 늘어 영업 이익이 최고치를 경신했다.

대만영화 〈포청천〉을 수입하여 KBS가 방영하며 큰 인기를 모으며 시청률이 올라갔다. TV 프로그램이나 영화나 상관없이 선별안을 보여준 이 회장이다. 김영삼 야당 총재에게 출연배우를 소개시키고 '대도무문' 유묵을 받기도 했다.

〈판관 포청천〉의 금초군(오른쪽 두 번째), 고인하 사장(맨 왼쪽)과 함께

그런가 하면 그의 숙원사업인 일본영화를 능가하는 영화를 만들고자 최고의 투자를 아끼지 않았다. 배창호 감독의 〈황진이〉이다. 최고의 스태프와 장미희, 안성기, 신일룡을 기용해 거액을 들여 제작을 했다. 비록 뜻대로 흥행에 성공하지 못했지만 그의 한국영화에 대한 애정은 모두가 인정할 수밖에 없었다.

그러나 시대는 서서히 바뀌어 갔다. 제작 환경을 바꾸며 영화법이 바뀌어 누구나 영화 제작이 가능하고 외화수입이 가능해졌다. 대종상의 권위도 예전같지 않았고 한국영화 제작의 보상제도인 쿼터제도도 없어졌다. 그야말로 자력갱생의 시대로 바뀌어 갔다.

〈판관 포청천〉에서 포청천 역의 금초군과 함께

〈황진이〉에서 장미희, 신일룡 배우

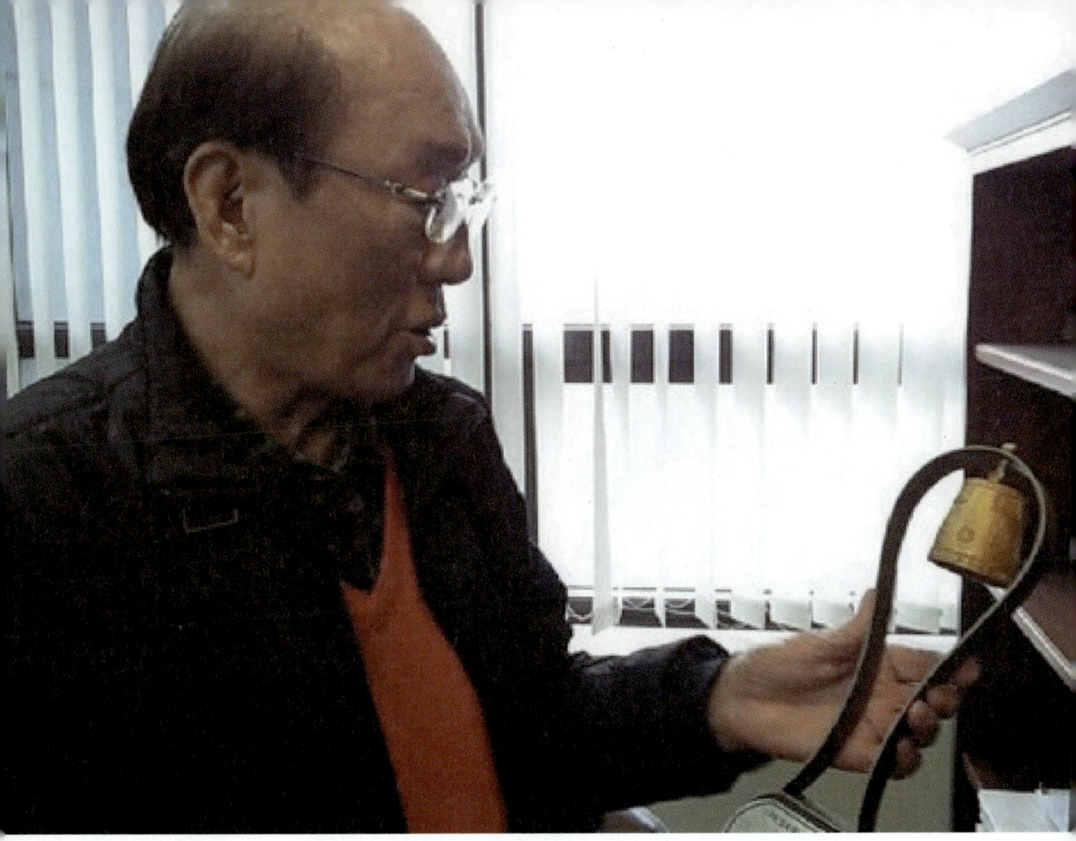

## 1990년대 위기

1990년대는 이우석 회장에게도 그러하지만 1997년 IMF로 모두 위기를 맞는다. 특히 영화계는 세대 교체가 될 정도로 심각했다. 영화법이라는 보호막이 걷히고 쿼터 제도가 사라지며 그야말로 치열한 생존 경쟁의 시기였다.

1990년대 초반에는 80년대의 호황으로 대작을 제작한다. 92년 배창호 감독의 〈천국의 계단〉은 멜로드라마였지만 대작이었

홍상수 감독(맨 오른쪽)과 함께

다. 하지만 관객의 외면으로 배 감독은 결국 동아수출공사를 떠난다. 흥행작은 과거에 비해 눈에 띄게 사라진다.

그리고 평단의 극찬을 받은 홍상수 감독의 〈돼지가 우물에 빠진 날〉을 제작한다. 감독은 상을 많이 받으니 좋았겠지만 회사는 적자만 더했다.

홍상수 감독과 이우석 회장과의 만남은 홍 감독의 어머니인 전옥숙 여사와의 관계 때문이었다. 이 회장과 친분이 있어서 아들의 감독 데뷔를 청했고 이 회장은 선선히 받아들여 데뷔작인 〈돼지가 우물에 빠진 날〉 계약을 했다.

영화사에 사무실 하나를 제공하고 영화를 만들게끔 했고 완성 후 평단의 호평을 받으며 영화제에서 많은 수상을 하였다. 특히 해외에서의 반응도 뜨거웠다. 그러나 흥행은 신통치 않았고 참패 수준이었다. 결국 감독만 이름을 알리고 제작사는 손해를 본 전형적인 영화였다. 그래서 그런지 이후 두 사람의 이후 만남은 없었다.

1990년 11월에 설립한 ㈜영성프로덕션은 비디오 출시로 과거 동아수출공사의 명성을 이어갔다. 홍콩영화가 대중의 관심사였는데 특히 성룡의 영화 등 영성프로덕션의 신작들은 불티나게 대여되었다. 영화 제작의 적자를 비디오 사업이 메꿔주었다.

이우석 회장은 미국 유학을 마친 장남 이호성을 영입해 2세 경영을 시작한다. 결정적인 위기는 IMF 직전에 수입 계약한 대작 영화 〈하드레인〉의 잔액을 지불하고 수입할 것인가였는데 이 프로젝트를 강행했다. 결과는 대참패였다. 사회가 경제적으로 어수선한데 재난영화에 관객들이 찰 리 없었다. 그야말로 위기였다. 비싸게 수입한 외화의 원금 회수를 위해서는 극장이 몇 달간 매진되어야 하는데 현실은 참담했다. 그렇게 1990년대가 저물고 밀레니엄 시대를 맞는다.

1985년 강남 지역에 오픈한 동아극장

## 2000년대 극장 사업

밀레니엄 새시대인 21세기를 맞아 이 회장은 극장 확장 사업에 주력한다. 2000년에 서울 고속버스 터미널에 센트럴 6 시네마를 개관하고 2001년에는 씨네플라자를 개관한다.

2001년에는 시대의 흐름에 맞추어 동아엔터테인먼트를 설립한다. 2004년에는 대전에 시너스(대전)를 개관한다.

영화제작은 1년에 한 편 정도로 줄었고 그나마 흥행 실적은 저조했다. 극장 사업 역시도 CGV, 롯데시네마 등 멀티플렉스 극장이 대세로 군소 극장들은 뒤처질 수밖에 없었고 비싼 월세 내기에도 힘들었다.

엎친 데 덮친 격으로 센트럴 6 시네마 극장은 건물주의 계약서 위반으로 문을 닫는 상황이 벌어진다. 이 회장으로서는 이 위기를 벗어나기엔 너무도 힘든 시기였다. 2000년대 이우석 회장의 극장 사업은 조용히 막을 내렸다. 동아극장도 매각되었다. 새로 인수한 강제규 감독은 대대적인 리뉴얼을 하여 오픈했다.

한국영화계도 위기였다. 외화의 파상공세에 맞서기엔 불가항력이었다. 그렇게 암중모색하며 활로를 찾던 시기이다.

이우석 회장이 받은 훈장. 왼쪽 상단부터 보관문화훈장(2001년, 김대중 대통령), 국민훈장 동백장(2011년, 이명박 대통령), 국무총리 표창 표장(2020년, 정세균 국무총리)

## 2010년대 휴식기

2000년대 이우석 회장의 극장 사업은 조용히 막을 내렸다. 동아극장도 이미 매각되었고 주인이 바뀌며 이름이 바뀐 주공공이 극장도 CGV에 매각되었다. 국내 극장은 대기업이 장악했다.

극장이라는 터전은 없지만 동아수출공사의 제작이 멈춘 것은 아니다. 2010년 〈친정엄마〉, 2011년 〈퍼펙트 게임〉을 제작하였다. 〈퍼펙트 게임〉은 최동원과 선동열 선수의 스토리를 다룬

야구영화이다. 세간의 화제였던 두 사람의 이야기에에 흥행을 점쳤지만 기대와 달리 흥행에 실패하며 현재까지 동아수출공사의 마지막 영화로 기록된다.

영화는 도박산업이라는 부산 동아극장 앞 점쟁이의 말을 듣고 영화계에 투신했던 이우석 회장이다. 이제 승부사 이우석 회장의 도박은 끝이 났다. 그러나 허망하지만은 않은데 85편의 자랑스런 필모그래피가 남아있기 때문이다. 그외 수입했던 외화들과 수출했던 영화들은 셀 수 없을 정도로 부지기수이다.

한국영화100년사에 그의 이름은 영원히 기억될 것이다. 2001년 그는 김대중 정부로부터 '국민훈장 동백장'을 수상하고 이명박 정부로부터도 2011년 '보관문화훈장'을 수여받는다.

## 2020년대 새 역사

2023년 이우석 회장은 미수를 맞았다. 한국영상자료원에서 열린 그의 회고록 『영화에 살다』 출판기념회에 지인들이 대거 참석했다. 이미 2022년 인천 항동에 거대 스튜디오를 오픈한 그이다. 영화인으로서 85편의 영화 제작과 더불어 그가 할 수 있는 마지막 숙원사업을 실현한 것이다.

2021년 그와 함께 스튜디오 현장을 방문하였다. 동아수출공사

2021년 11월에 인천의 넥스트 스튜디오 건설 현장에서

인천 스튜디오 건설 현장은 놀라웠다. 크기와 넓이가 가늠이 안 되는데 대지 1,700평, 건평 4,000평이다. 기존의 스튜디오와 비교가 된다. 주차장은 50대 규모이고, 배우들의 편리성을 우선으로 한다.

1년간 공사 중인데 건축 자재 품귀현상이 겹쳐 2022년 2월에 완공했다. 이 스튜디오 건설은 강남역 동아극장과 맞바꾼 대역사이다. 이런 스튜디오를 남긴 이우석 회장이야말로 존경받을 영화인이다.

이우석 회장의 위대한 유산, 넥스트 스튜디오의 조감도

## 2030년대 이우석 회장의 미래

2030년대는 미래의 일이며 그저 예측을 해 본 글이다. 그의 춘추는 지금 90세이다. 앞으로 2030년이라면 6년 후의 일이다. 지금 이 회장은 아주 건강한 편이다. 현재 그보다 고령자로는 강범구 감독이 100세이고 신영균 배우와 정창화 감독이 97세이다. 100세 인생을 입증하는 실례인데 이 회장 역시 100세 장수할 것이라고 예상한다. 특별한 일이 아니라면 무난한 100세 인생을 사

실 것이라고 생각한다.

문제는 무엇을 하며 100세 인생을 살 것인가인데 영화사 일은 장남인 후계자가 인천 넥스트 스튜디오를 경영하고 있으므로 큰 문제는 없다. 지금처럼 일주일을 지인들과의 오찬, 만찬 약속으로 만나는 일이 중요하다. 민족중흥회, 문화회 같은 일과 만남은 빠질 수 없는 주요 행사이다. 또 편리해진 교통수단을 이용하여 전국 여행을 다니며 편안히 노후를 즐기면 되실 것이다.

지금도 각종 공식 행사 참석으로 스케줄을 조정해야 한다. 특히 지인들의 경조사에는 신경을 많이 쓰고 있다. 최근에도 배창호 감독의 자녀 결혼식에 참석한 바 있다. 실로 놀라운 행보이며 건강이 뒷받침해주지 않으면 안 되는 일이다. 부디 홍콩의 쇼브라더스 런런쇼 회장처럼 107세 장수하시길 기대해본다.

〈깊고 푸른 밤〉이 개봉된 명보극장 앞에서

## 이우석 회장과 한국영화

이우석 회장과 만난 게 벌써 12년이다. 당시 도동환 서울충무로국제영화제 이사장이 주최하는 행사 방문차 강릉에 갔을 때 소탈한 그와 만날 수 있었다. 그렇게 첫 인사를 드린 것이 2013년 4월 27일이다. 1935년생인 이우석 회장은 1960년대부터 외화수입을 하며 1970년대 권격영화를 시작으로 한국영화를 제작했다. 이소룡 이후 홍콩골든하베스트 영화를 수입하며 홍콩영화 전문의

〈깊고 푸른 밤〉의 원작자 최인호, 주연 장미희 배우와 함께

독보적인 영화사로 자리했다.

그동안 강범구 감독의 〈일대영웅〉, 〈사대영웅〉, 〈풍운의 권객〉 등의 권격영화와 정소영 감독의 〈애수의 샌프란시스코〉, 배창호 감독의 〈깊고 푸른 밤〉 등의 미국 로케이션 영화를 제작했다. 그리고 2011년 급작스럽게 타계한 당룽의 홍콩 진출을 마련한 당사자다. 그는 많은 영화제작을 통해 한국영화 발전에 큰 공헌을 하였다.

그는 편안한 분이었다. 그와 만나고 10개월이 걸려 2014년 2월 10일에 첫 인터뷰를 할 수 있었다. 그동안 양재동 사무실로 찾아가 만나긴 했지만 길게 4시간 동안 이야기할 수는 없었다. 그러나 이날 들은 이야기는 불과 1/30이라고 한다. 한 달 정도 들어야 그의 영화인생 이야기가 끝날까? 그렇듯 그는 이야깃거리가 많은 분이다.

1962년부터 영화 일을 시작했으니 벌써 반세기가 넘었다. 1973년 김시현 감독의 〈황사진〉부터 제작을 시작했고 2011년 박희곤 감독의 〈퍼펙트 게임〉까지 모두 85편의 영화를 제작했다. 편수도 많지만 제작목록의 영화들은 한국영화사에서 거론되는 완성도 높은 영화들이 많다. 그러니 이야깃거리가 많을 수밖에 없다. 아직은 공개하기 어려운 이야기와 사진 등의 자료는 눈이 휘둥그레질 자료들이다.

한국영화 제작에 있어서도 그는 많은 상을 받았고 외화수입도 흥행작이 많아 ㈜동아수출공사는 굴지의 영화사로 자리 잡았다. 특히 홍콩영화 전문영화사인데 장철 감독의 〈외팔이〉, 원화평 감독의 〈취권〉 등도 그가 골랐던 영화들이다. 비록 쿼터 문제로 직접 수입할 상황이 아니라 타 영화사에 양보했지만 그의 영화 보는 눈은 정확하다. 나유 감독의 〈당산대형〉도 홍콩 극장에서 직접 보고 김인동 사장에게 추천했으나 김 사장이 포기하는 바람에 결국 그 영화는 이소룡 사후에 고가로 수입되었다.

그는 골든하베스트의 레이몬드 초우, 하관창 등과 돈독한 관계를 유지하며 성룡의 모든 출연작을 수입하기도 했다. 그래서 성룡은 그를 깍듯이 모신다. 그가 수입한 〈007 죽느냐 사느냐〉, 〈클리프 행어〉, 〈위험한 정사〉, 〈늑대와 춤을〉, 〈다이하드〉 등은 대박 난 영화들이다. 물론 흥행에 실패한 영화도 많다. 어차피 영화는 도박산업이기 때문이다. 그렇지만 성공 확률이 높기에 그의 흥행을 점치는 감은 뛰어나다고 정평 나 있다.

그런가 하면 그가 제작한 한국영화들은 화제작, 문제작이 많았다. 그가 제작비를 다른 영화사보다 더 투입했기 때문이다. 그가 제작한 〈애수의 샌프란시스코〉와 〈황혼의 만하탄〉은 한국영화사상 최초의 미국 올 로케이션 영화이다. 역시 미국 올 로케이션으로 제작한 배창호 감독의 〈깊고 푸른 밤〉은 그해 최고 흥행 및 대종상 작품상을 수상하여 흥행과 작품성의 두 마리 토끼를 다 잡은 격이었다.

그런가 하면 극진회관의 최배달과 대한태권도협회의 김운용 회장과의 만남을 주선하고 방학기 만화가가 〈바람의 파이터〉를 그리게끔 가교 역할을 하였다. 나와는 일주일에 몇 번씩 식사를 하며 한국영화 이야기를 나누었다. 아들인 이호성 사장보다도 더 많이 외식을 하고 커피를 마셨다. 부담스럽지 않고 편하게 영화 이야기를 나눌 수 있다는 것 때문이었다.

한국영화계에서 길게 활동하였으며 지금 생존한 최고령의 제작자로서 그의 증언과 인터뷰는 중요하다. 나는 그와의 만남의 시간을 보내며 이 시간들이 중요함을 새삼 깨닫게 되었다. 그의 증언들은 그만큼의 중요성을 갖고 있는 것이다. 가능하다면 지속적

홍콩 골든하베스트 스튜디오에서 당룡과 함께

인 인터뷰를 가져 향후 『동아수출공사 반세기 이우석 회장』 출간을 희망하고 있다.

그는 "정직이 '빽'이다."라는 말을 많이 한다. 그만큼 누구에게 청탁하지 않고 정직하게 사업을 하였다. 반세기를 넘겨 최장수로 영화계에서 활동하였고 누구에게나 베풂을 선물하였다. 해마다 영화인들을 위해 성금을 내고 연말이면 송년회 자리를 마련하고 있다. 그의 선행은 꼭 돈이 있어서가 아니라 진정으로 영화인들을 위하는 마음 때문에 가능한 일이다.

영화인들로 해서 벌었으니 베풀겠다는 마음이다. 또한 그는 2022년 말에 문공부 시절부터 알고 지내던 분들의 모임인 문화회란 모임에 3억 원을 장학금으로 쾌척하였다. 그런 큰마음 씀씀이를 통해 그의 진면목을 느낄 수 있다. 그야말로 한국영화계의 첫손 꼽히는 신사이며 거인이다.

2021년 11월에 그가 건설 중인 인천의 스튜디오 현장을 안내해주었다. 스튜디오 건설 현장은 크기와 넓이가 가늠이 안 되는데 대지 1,700평에 건평이 4,000평이다. 기존의 스튜디오와 비교가 되는데 주차장은 50대 규모이고, 배우들의 편리성을 우선으로 한다고 현장소장이 설명해 주었다.

1년을 훌쩍 넘긴 긴 공사 중인데 건축 자재 품귀현상이 겹쳐 2022년 5월 2일에야 완공했다. 이 스튜디오 건설은 강남역의 동아극장과 맞바꾼 대역사이다.

## 포토

넥스트 스튜디오는 동아수출공사 이우석 회장이 후대에 물려주는 문화 유산이다. 서울 강남에서 45km로 한 시간 이내에 접근이 가능하다.

이 스튜디오는 높이 12m의 500평 스튜디오 2개, 300평 스튜디오 1개로 구성되어 있다. 2022년 오픈해 현재 3개 동 모두에서 한국영화가 제작되고 있다.

studio B

NEXT STUDIOS

『이소룡 평전』이 출간되자마자 이우석 회장에게 증정하였다.

## 이우석 회장과 당룡

2014년 2월 23일, 한국영상자료원에서 『이소룡 평전』 출판기념회가 열렸다. 이우석 회장에게 축사를 부탁드렸으나 화환으로 대신하였고 따로 뵙고 책을 전달했다. 당룡과 함께 촬영한 자신의 사진을 보고 첨엔 동생인 이권석 상무로 착각하기도 했다. 이우석 회장은 자신이 이소룡 전문가라며 당연 이 책에 큰 관심을 보였다.

1967년 1월 24일에 동아수출공사를 설립하여 2017년 창립 50년을 맞은 이우석 회장은 아직도 사회활동으로 바쁘다. 이우석 회장은 한국영화의 수출을 목표로 ㈜동아수출공사를 창립하여 반세기 동안 영화업을 해왔다. 당룡이란 예명을 갖게 된 김태정을 발굴한 제작자로 또 성룡의 영화를 국내에 수입한 주인공이기도 하다. 2015년에는 영화제작자협회로부터 영화공로상을 수상했다.

동아수출공사는 동시기에 활동하던 영화사 중에서는 현존하는 유일한 회사이다. 그동안 〈바람 불어 좋은 날〉, 〈깊고 푸른 밤〉,

〈겨울 나그네〉, 〈칠수와 만수〉, 〈그들도 우리처럼〉, 〈돼지가 우물에 빠진 날〉 등 우수영화를 제작하며 화천공사나 우성사 등과 함께 좋은 영화를 제작한 영화사로 기억되는 것이 자랑스럽다고 한다.

이소룡, 당룡, 성룡과도 인연이 깊은데 홍콩의 골든하베스트와 전속하다시피 하며 화제작들을 수입하였고 〈일대영웅〉, 〈위험한 영웅〉, 〈밀명객〉, 〈흑룡강〉, 〈사망탑〉, 〈아가씨 참으세요〉 등의 무술영화를 제작하였다. 특히 당룡은 이 회장의 비호 아래 이소룡의 유작인 〈사망유희〉에 이소룡 대역으로 출연하였고 〈사망탑〉, 〈아가씨 참으세요〉에서 주인공으로 출연한다.

당룡의 본명은 김태정으로 1956년 부산 민락동에서 출생했다. 그는 신촌의 봉원사에서 무술을 닦던 중 이소룡의 대역에 뽑혀 그의 유작인 〈사망유희〉에서 이소룡의 대역으로 출연한다. 그는 이소룡의 닮은 꼴 배우이기도 하지만 무술 실력을 인정받아 출연하게 된 것이다.

그의 재능은 이소룡의 재능과 흡사한데 일단 무술의 달인이고 그림에 능숙하다. 언어적인 소질도 같아 5개 국어를 구사한다. 이소룡의 재능 외에 노래에 일가견이 있는데 국악인이었던 부친으로부터 끼를 물려받았다. 꿈속에서 이소룡을 만났다는 그는 이소룡의 화신으로 살다가 2011년 우리 곁을 떠났다.

평생을 이소룡과 함께했다고 해도 과언이 아닐 그의 인생은 우리 팬들로서는 그가 있어 이소룡의 빈자리를 채워주어 행복

했지만 정작 본인으로서는 견디기 힘든 세월일 수도 있었다. 그는 〈사망유희〉를 촬영 후 김태정으로 살기를 원했다. 그러나 팬들은 그가 이소룡으로서 살기를 원했다. 결국 자신의 의지와 상관없이 타인의 삶을 대신해 살다간 그로선 괴로울 수밖에 없는 일이었다.

〈사망유희〉는 이소룡이 〈맹룡과강〉 이후 회심의 역작을 기획하며 시작된 프로젝트이다. 이소룡 사후 이 영화의 완성을 어떻게 할 것인가에 대해 여러 가지 시나리오로 수정에 수정을 거듭하였다. 결국 대역배우를 발굴해 이미 촬영된 내용을 살릴 수 있는 영화로 만들기로 결정된다. 그리고 전 세계를 대상으로 공개리에 이소룡 닮은꼴 배우공모를 하며 수없는 오디션을 거듭한다.

그리고 한국의 김태정이 2nd 이소룡으로 결정된다. 이 결정과정의 배후에 이우석 회장이 있었다. 김태정을 캐스팅하고 홍콩으로 함께 가서 호텔에서 2년간 숙박시키며 모든 뒷받침을 해주었던 것이다. 스타 탄생의 비화는 아직은 아는 이들이 적다. 김태정으로서는 상경 후 그렇게 미친 듯이 노력하던 중 영화사에 픽업됐다. 그리고 이우석 회장의 도움을 받아 꿈에도 그리던 이소룡 대역배우 오디션에 참석하게 되었고 결국 그가 이소룡 대역으로 낙점됐다.

이소룡의 유작인 〈사망유희〉는 극비리에 촬영되며 당룡으로 알려진 김태정의 존재는 극비로 숨겨진다. 왜냐하면 이 영화는 철

이우석 회장은 김태정을 발탁해 홍콩으로 보내 그를 이소룡 대역의 단룡으로 키웠다.

골든하베스트 하관창 이사와 함께

저히 이소룡 영화로 알려져야 했기 때문이다. 기자에게조차 비공개로 촬영되며 완성된 이 영화에서 당룡은 스크린을 통해 관객과 만날 수 있었다. 그리고 당룡은 관객들에게 2nd 이소룡으로 각인되었다.

그사이 이수현, 양소룡, 여소룡 등 홍콩배우들이 이소룡의 배역을 맡거나 후계자를 자처하며 출연을 하였지만 그뿐이었다. 오히려 한국에서 이소룡의 이미지와 닮은 거룡 등의 배우가 각광받았다. 당시 당룡은 호텔에 감금되다시피 하며 차기작을 기다렸다. 결국 오사원 감독, 원화평 무술감독 팀의 〈사망탑〉에 주인공으로 기용되며 일본 및 한국 로케이션을 하며 촬영을 한다.

그는 〈사망탑〉의 주인공으로 출연하는데 역시나 이소룡의 실사 부분을 편집한 영화에서 대역배우로서의 출연이다. 그리고 귀국하여 몇 편의 영화를 찍지만 이소룡의 그늘을 벗어나 독립하기엔 당룡이라는 이름은 너무 버거운 이름이다. 그는 결국 이소룡 영화의 완성을 위해 존재한 판박이 배우가 됐다. 그 역할이 다했을 때 버려지는 것은 만물의 진리이다. 대역 배우의 운명은 그를 비켜가지 않았다.

이 영화는 2년의 촬영기간을 거치며 당룡은 "다루기 어려운 배우"로 낙인 찍힌다. 그가 촬영 중 장발이었던 머리를 삭발했기 때문이다. 액션 장면 촬영은 가발 차림으로서는 불가능하다. 너무 이른 나이에 당대 최고 스타인 이소룡 대역을 맡아 세계적으로 알려지며 너무 빨리 자신의 목표를 이룬 그로서는 모든 것이 허망했을 것이다. 그렇게 당룡의 인생과 영화 역정은 꼬이기 시작했다.

〈사망탑〉은 김태정의 노력 여하에 따라 부산의 '머스마'가 세계적인 스타 이소룡의 반열에 오르는 기적의 완결편이 될 수도 있었다. 밤이나 낮이나 이소룡만을 생각했던 그의 노력은 정말 대단한 것이었다. 비밀리에 진행된 〈사망유희〉 촬영 후 그는 당룡이라는 예명으로 우리들에게 알려졌다.

오사원이 연출하고 원화평이 무술감독을 맡은 이 영화 촬영 중 한국에 먼저 들어온 당룡은 조선호텔에 묵으며 지하 이발관에서 삭발을 하였다. 그로서는 불만을 표출한 것인데 머리가 다시 장발이 될 동안 촬영이 중단됐다. 삭발한 이유는 이소룡 대역배우로서 자신의 정체성에 대한 심한 갈등 때문이었다. 제작자에게 미안한 일이었지만 당시 그의 심경으로는 어쩔 수 없었다고 한다.

〈사망탑〉의 신문광고

그리고 그는 그가 무술을 익혔던 절로 들어가 무술훈련을 하며 도(?)를 닦았다고 한다. 그렇게 반 년 동안 촬영이 중단되는 우여곡절 끝에 완성된 이 영화는 동아수출공사의 이우석 사장이 당룡의 매니저이기에 1/10 가격인 6만 불에 구입하여 한홍합작영화 신고를 했다.

나는 스카라극장에서 이 영화를 보았는데 삼십여 년이 지난 후 DVD를 통해 보니 이소룡의 모습이 곳곳에 편집되어 들어가 있었다. 이 영화의 영어 제목은 〈사망유희 2〉이다. 이소룡 영화 컬렉션에도 당연히 들어가 있다.

이 영화 출연 후 당룡은 동아수출공사 제작의 〈아가씨 참으세요〉에 출연하고 그 후 미국으로 떠난다. 미국에서 단역 출연한 〈특명 어

미국 체류 중인 당룡

벤저〉는 그의 마지막 출연작이 되었다. 그는 미국에 거주하며 이곳저곳으로 자리를 옮겨 살았고 마지막에는 하와이에서 거주하였다.

2011년 그의 사망 후 나는 그의 추모 세미나를 가졌고 2주기에도 추모 행사 및 세미나를 가졌다. 일본에서 비보를 듣고 찾아온 팬들을 위해 그의 유골함을 모신 경기도의 의왕정사까지 찾아가 함께 참배했다. 그러나 이젠 그마저도 할 수가 없다. 그의 동생이 수리산 정상에서 유해를 뿌렸기 때문이다. 죽더라도 평생 유골 보관비는 마련하고 이승을 하직해야 한다.

이우석 회장은 한홍합작영화의 주인공이다. 수많은 합작영화

가 동아수출공사를 통해 제작되었다. 1973년 〈황사진〉을 시작으로 2011년 〈퍼펙트 게임〉까지 85편을 제작하고 긴 공백기가 있었는데 마지막까지 〈신검〉을 준비했었다.

동아수출공사는 2011년 〈퍼펙트 게임〉 이후 한국영화 제작을 못하고 있다. 이유는 적자가 심해서인데 인천에 대형 스튜디오를 준비하며 긴 공백기를 보냈다. 이우석 회장은 2016년 12월에 정경뉴스가 주최하는 제16회 자랑스런 한국인 대상을 수상했다.

제16회 자랑스런 한국인 대상을 수상한 이우석 회장(앞줄 왼쪽에서 세 번째)

양재동 사무실에서

## 정직이 '빽'이다

이우석 회장은 아주 소탈하신 분이다. 평소 입는 옷도 그렇고 김치찌개나 감자탕, 코다리찜 등 좋아하는 음식도 그렇다. 양주를 모으는 취미는 있지만 막걸리를 주로 드신다. 과묵한 편이며 자신의 감정을 솔직하게 표현한다. 나에게만 예외로 몇 년 만에야 속을 털어놓았다. 그동안은 밥을 먹자는 이야기를 하지 않았다. 그는 내가 한국영화100년사연구회 회장이라는 것에 약간은 경계를 하셨던 같다. 뭘 또 캐내려고 하냐는 우려 때문일 수도 있다.

그러나 내가 이 회장을 만나는 건 선배 영화인으로서 또 부모님을 만나는 것과 같은 심정일 뿐이다. 이 회장에 관한 기록은 여러 언론에 보도되었고 그의 회고록에도 소개되어 있다. 또 영상자료원에서 인터뷰를 하여 두꺼운 책으로 나와 있다. 굳이 인터뷰를 하지 않더라도 나로서는 익히 알고 있는 역사이다.

그래도 만나면 새로운 이야기를 듣기 마련이다. 그런 이야기는 미처 몰랐던 그를 다시 보게 한다. 그는 평생을 근면하고 봉사하는 마음으로 살았다. 그의 선행은 잘 알려져 있지 않은데 그가 선행에 관한 한 남들에게 이야기하지 않기 때문이다. 그의 모든 말은 자랑같이 들리기도 하는데 그만큼 특별하고 뛰어난 분이다.

아직도 신문을 구독하고 매일 5,000~7,000보를 걷는다. 아침에 걷기 위해 일부러 멀리 있는 콩나물 해장국집을 찾는다. 집 앞의 매봉산도 매일 올랐지만 근 2년 정도 오르지 않는데 넘어지면 위험하다는 주변의 권유 때문이다. 그렇다고 지팡이를 짚는 것도 아니고 때로는 뛰기도 한다. 올해로 만 나이가 87세로 아직은 건강할 나이이다.

그와 식사를 하기 시작하자 그다음부터는 일주일에 두세 번씩을 같이 하였다. 때로는 매일 만나는 경우도 있었다. 식사 후에는 따뜻한 차 한 잔의 여유를 즐긴다. 그만큼 신뢰를 얻어 가까워졌기 때문인데 주변의 지인들과 합석이 늘어나며 거의 다 뵈었다.

모두가 훌륭하신 분들이며 정진우 감독이나 김동호 위원장은 익히 알고 지내던 분들이었다.

때로는 자주 만나지 못했던 이두용 감독이나 권영문 그랜마스터를 인사시키기도 했다. 알고 보니 그만큼 편하신 분도 없고 사람 만나기를 즐기시는 분도 드물다. 88세에 모든 것을 두고 건강하게 인생을 마감하고 싶다고 말버릇처럼 했지만 작년에 고희연을 대신해서 자서전 기념회를 갖고 오히려 더 건강하게 하루하루를 보내고 계신다.

2022년에 오픈한 인천 항동의 넥스트 스튜디오는 그의 생애의 결정판이다. 그 누구도 영화를 위해 번 돈을 재투자하기는 쉽지 않은데 그는 위대한 업적을 남겼다. 그는 오늘날 이렇게 된 것은 모두 영화인들의 도움이라며 해마다 연말에 자리를 마련하고 2022년에도 천만 원을 한국영화인복지재단을 통해 기부하셨다.

그의 기부는 한두 번이 아닌데 고향인 성주군에 장학금 1억 원씩 두 번, 문화부 근무자들의 모임인 문화회에 3억 원, 대한노인회에 격려금 1억 원씩 두 번을 쾌척했다. 나는 주변에 이 같은 기부를 하신 분들을 만난 적이 없다. 그것은 자산이 여유로워서 할 수 있는 일이 아니다. 마음 씀씀이가 여유롭다고 할 수 있는 일이 아닌데 그는 두 가지 모두를 갖고 있다.

"정직이 '빽'이다"라며 평생을 정직하게 살아온 그이다. 아는 이들도 많고 고향 출신의 검사도 즐비하지만 결코 안 좋은 일로 청탁한 적이 없다는 그이다. 주변의 시샘으로 억울하게 불려간 적도 있지만 조사 후 무죄 판정을 받았다. 나중에야 그의 지인들이 보통 거물이 아닌 것을 알고 담당 검사가 놀랐다는 말도 들었다. 이 글 한 편에 그의 모든 이야기를 담을 수는 없다.

그를 만나 그 같은 인생을 살고 싶다는 열망을 갖게 되었음을 감사히 생각한다. 이 회장도 내가 좋은 사람으로 편하다니 그 말에 감사할 뿐이다. 그와 날씨가 좋아지면 국내 여행을 갈 예정이다 그가 바라는 노후의 삶은 그저 편안함뿐이고 내가 동반자 역할을 하니 나 역시도 즐거울 뿐이다.

2021년에 그의 제안으로 고향 성주를 함께 가보았다. 큰 은행나무가 버티고 있는 그의 고향마을은 한눈에도 멋진 동네였다. 판검사가 삼십여 명이 배출되었고 정재계 인사가 많이 출생하였고 문화계 인사로 그가 있으니 명당 마을이 분명하다. 내친 김에 부산도 방문하여 그가 젊은 시절을 보냈던 동아극장 터와 해운대를 거닐었다. 그의 이야기에는 인생을 달관한 어르신의 철학이 담겨있다.

그의 어록은 유머도 있고 타인에게도 들려줄 이야기로 가득하다. 인생은 길지 않지만 짧지도 않다. 그 인생길을 그저 묵묵히 거짓 없이 자신에게도 엄격하고 충실하게 살아온 그의 삶은 교훈적이기도 하다. 그는 우리 시대의 진정한 어른 중에 한 분이시다. 그것이 내가 그의 삶을 객관적으로 바라본 일대기 『동아수출공사 반세기 이우석』을 쓰려는 이유이다.

## 오블리스 노블리제의 실천

이우석 회장과 원로 영화인 송년회가 2022년 연말에 퇴계로의 오발탄 식당에서 있었다. 이 모임은 이우석 회장의 회고록 기념식에 참석 못한 영화인 원로를 위한 자리이다. 그러나 기상 뉴스와 안전문자로 계속 전달된 눈 예보로 14명만이 참석하였다. 1984년 공로영화인으로 선정된 70여 명 중 18명만이 생존하였다. 오늘 그중 12명이 참석한 것이다.

참석자는 이우석 회장, 정진우 감독, 마용천 조명감독, 이재웅 녹음감독, 전조명 촬영감독, 한상훈 화진영화사 대표, 안상우(안상일) 촬영감독, 김성찬 녹음감독, 양춘 사장, 구중모 촬영감독, 이금복 제작부장, 그리고 올해 102세의 송일근 배우, 그리고 나와 영화인복지재단의 미스 박이다.

불참자는 건강과 해외 거주 때문인데 이석기 촬영감독, 김지미 배우, 강범구 촬영감독, 김석훈 배우, 윤일봉 배우, 박승배 촬영감독 등이 불참했다. 이들의 평균 연령은 85세 이상이다. 이제 이들이 돌아가신다면 우리 영화 역사 증언자는 사라지는 것이다. 그래서 오늘 모이신 분들이 한국영화사에서 차지하는 비중은 너무도 크다. 송일근 배우는 102세로 축하 꽃다발을 준비해 이우석 회장에게 안기었다. 88세도 많은 나이가 아닌 순간이다.

이우석 회장은 세 살 때 일본으로 가서 어린 시절에 일본 규슈(九州)에서 소학교(초등학교)를 다녔다. 같은 반의 일본인 학생들은 소년 이우석을 조선인이라며 대놓고 멸시하고 폭행까지 했다. 서너 명이 소년 이우석에게 항복하라며 구타하고 왕따시켰다. 이 회장은 이때의 후유증을 평생 안고 산다. 코의 기능이 비정상이 되어 수술도 여러 차례 받았다. 그래도 고쳐지지 않는 고질병이 되었다.

일제가 패전하며 한국으로 귀국하여 당시 국민학교로 편입하였는데 이번에는 한국어가 서툴러 학우들에게 '일본놈' 소리를 듣

2022년 12월 15일 충무로 모 식당에서 영화인 송년회를 개최하며
감사 인사를 받고 있는 이우석 회장

기도 했다. 당시에는 먹고 사는 것이 당면 문제였다. 어린 이우석은 생활전선에 뛰어들면서 결국 학교 졸업장이 없는 인생이 되었다.

그는 부산으로 가서 유리가게 점원을 하며 식생활을 해결했다. 시장통을 누비며 배달을 하며 청소년기를 보낸다. 그리고 부산 동아극장에서 매표원으로 일하며 자신의 영화인생을 개척하게 된다. 그의 인생은 미리 짜여진 것인지도 모르겠다. 일본에서 외화를 수입하는 오퍼상들을 알게 되었고 독일영화 〈물망초〉 수입에 소액 투자를 하며 그의 인생은 풀리기 시작한다.

당시 연합영화사의 주동진 부사장(?)은 주요 흥행작을 일본을 통해 수입하던 분이다. 그외 오퍼상인 김광진 사장 등의 활동을 보며 그도 외화 오퍼상 일을 자연스럽게 익히고 결국 외화수입, 한국영화 수출일을 하게 된다. 그런 그를 정진우 감독은 깡통장사 했다고 한다. 누구도 거들떠보지 않았던 한국영화를 모아 해외에 수출하며 그는 자연스럽게 한국영화 수출업자로 알려진다.

박정희 대통령 시기에 "국산영화 제작자에게 외화수입권을 준다"며 영화법을 개정하던 시기에 그도 한국영화제작사 신고를 하고 ㈜동아수출공사를 창립한다. 그리고 지금까지 85편의 영화를 제작했다. 외화수입도 수백 편에 이르는데 정확한 편수는 알 수 없고 오래 근무한 김 부장에 따르면 150~200여 편 남짓일 것이라고 한다. 홍콩의 이소룡 영화부터 성룡 영화까지 골든하베스트 영화는 그가 모두 수입했다고 해도 과언이 아니다. 그만큼 신용을 쌓아 형성한 관계 때문이다.

영성프로덕션이라는 비디오 프로덕션도 설립해 성룡의 출연작 모두를 출시하는데 모두 500여 편 남짓 출시했다고 한다. 그가 운영하던 동아극장도 명문관으로 자리 잡았고 전국의 여러 곳에 많은 극장을 운영하였다. 이때가 그의 전성기이다. 흡사 홍콩 쇼브라더스의 런런쇼 회장이 떠오른다.

그리고 양재역 근처로 사옥을 옮겨 10년을 보내며 인천의 영화 스튜디오를 기획하고 공사를 시작하여 2022년 드디어 오픈을 했다. 항동에 자리한 넥스트 스튜디오는 이 회장 영화인생의 결과물이다. OTT시대를 맞아 늘어난 영화제작 시기에 적합한 사업이 아닐 수 없다.

그는 험한 영화계에서 생활하며 적을 만들지 않았다. 매사 양보하고 배려하는 마음을 갖고 사람들을 대하니 적이 생길 수 없다. 인맥 또한 폭넓은데 그의 교유는 상상을 초월한다. 이제 영화계에서 우뚝 선 거인으로 그는 자리 잡았다. 그것에 감사하며 영화인들을 위해 자신이 쌓은 부를 아끼지 않으니 오블리스 노블리제를 몸소 보여주는 것이다.

2022년 10월 22일에 신영균예술문화재단이 주최한 제12회 아름다운 예술인상에서 공로상 수상하였는데 이우석 회장과 마동석, 하춘화, 신구, 조은지 감독 등이 수상했다. 이 회장은 상금 2천만 원을 즉석에서 영화인 원로회에 기부했다. 이미 기부액이 7억 원을 넘기는데 그의 아름다운 선행은 그치질 않는다.

그의 성공비결은 아낌없는 베풂이다. 건강비결이라면 절대 화내는 법이 없다. 화를 내면 나만 손해라는 것이다. 즐겁게 살아야 하며 참는 마음으로 정직하게 살아온 것이 영화계에서 장수했던 롱런의 비결이다. 한마디로 깨끗하게 살아온 인생이다. 글 마치며 절로 나오는 한 마디이다. "이우석 회장님 존경합니다!!"

# 2장.

# 한국영화 100년, 동아수출공사 반세기

넥스트 스튜디오에서

## 이우석 회장과 동아수출공사 소개

동아수출공사는 가장 오랜 기간 장수한 영화사이다. 1967년 1월 24일에 설립하여 2011년까지 영화를 제작하고 2023년까지 사무실을 운영하고 지금도 인천에 영화 스튜디오를 건립해 운영하고 있다.

1970년 3월 6일 문화영화 제작자 등록 후 1970년 8월 29일 주식회사로 법인 등록하여 (주)동아수출공사를 설립한다.

그리고 한국영화를 85편 제작하고 외화수입 편수와 한국영화

수출 편수는 셀 수 없을 정도이다.

이 모든 걸 진두지휘하며 운영해 온 분은 바로 이우석 회장이다. 한국에 이러한 영화사는 없다. 물론 파이오니아로 개명한 우진필름이 있지만 실적면에서는 차이가 크다. 그것은 동아수출공사가 수출입 업무를 워낙에 많이 했기 때문이다.

동아수출공사는 임직원들의 처우가 타 영화사들과 비교가 된다.

장학금이 직원들에게 꼭 필요하고 학업의 중요성을 알고 있기에 장학기금 5억 원을 책정하여 직원 자녀 장학금 지급을 꾸준히 해오고 있는데 이는 당시로는 국내는 물론이고 타국에서도 찾아보기 힘든 사례이다.

배우 및 스태프 대우 역시도 타의 추종을 불허한다. 관례가 되다시피 했던 어음 발행을 자제하고 현찰 지불을 하고 제작부가 올리는 제작비 및 진행비, 하다못해 소품 및 기타 경상비조차 깎는 법이 없었다. 그저 신뢰 관계로 좋은 영화 만들기로 의기투합했기 때문이다.

이우석 회장의 꿈은 일본영화를 능가하는 것이었다. 일본을 수시로 가며 일본영화의 완성도를 보아온 그는 한국영화도 해낼 수 있다고 다짐하며 제작비 지원부터 스태프와 배우들의 처우부터 개선해 나갔다.

배창호 감독의 〈황진이〉 때에도 카메라를 일본에서 장기 임대해 와 최고의 영화 만들기에 전력을 다했다. 그러니 모두가 동아수출공사에서 일하고 싶어 했다. 열린 경영을 실천하며 일류 의식을 공유했기 때문이다.

〈황진이〉의 포스터

동부이촌동의 같은 아파트에 살던 합동영화사의 곽정환 사장이 출근길에 엘리베이터에서 만나 "그렇게 (사례를) 주면 다른 사람들은 어떡하냐?"고 항의할 정도였다.

그래도 이우석 회장의 의지는 굽힐 리 없었다. 그 결과로 국내의 흥행기록을 경신했고 국내외 영화제에서 수상하는 결과를 낳았다.

최인호 작가를 전속으로 하다시피 하며 신인감독의 산실이고 배창호 감독은 전성기를 동아수출공사에서 누렸다. 동아수출공사는 지금의 한류시대의 초석을 쌓았다고 해도 과언이 아니다. 신상옥 감독의 신필름 이후 반세기를 넘어 최고의 영화사로 회자되며, 한국영화의 중흥을 선도해온 동아수출공사의 명성은 영원할 것이다.

장충동으로 회사를 이전하고 집무실에서

# 동아수출공사 사옥 변천사

동아수출공사는 수출이라는 명사가 사명(社名)에 들어간 유일한 영화사이다. 그만큼 한국영화 수출에 주력했던 영화사이다.

처음부터 한국영화 제작사였던 것은 아니고 박정희 대통령의 수출 지상주의에 반영이었다.

박정희 대통령 시절 영화법 개정으로 한국영화 의무제도가 생겼다. 영화수출입 사업자는 연간 의무적으로 한국영화 제작을 해

우면동 자택 정원에서 고사를 지내고

야만 했다. 그래서 부랴부랴 성립 조건을 갖추어 영화제작사 신고를 한다. '동아'란 회사명은 이우석 회장의 가슴에 처음부터 새겨진 이름인데 부산에 있었던 동아극장에서 유래한다. 그곳에서 처음 영화일을 시작했기 때문이다. '공사(公司)'는 회사의 의미인데 영화사로는 화천공사도 있다.

첫 사무실은 영화의 산실인 충무로에 있었다. 재일교포 사주인 가네코와 김화식 사장의 세경영화사와 같은 빌딩의 공동사무실을 사용했다. 책상 하나를 놓고 외국영화 오피상을 시작한 것이다. 그리고 독립해 남산의 개인주택을 마련해 사무실을 운영하다가 삼성

동아수출공사의 임직원들

이병철 회장의 집 근처 장충동으로 사무실을 옮겨 5층 빌딩에 장충극장을 건립했다.

그리고 그곳에서 사무실을 운영했고 1970년대 초 강남 개발이 시작되자 강남 뉴욕제과 앞에 504평의 큰 부지를 마련해 극장 터를 잡았다. 그리고 훗날 동아극장이 들어선다. 동아수출공사는 한참 때에는 지방을 포함하여 5개의 극장을 운영했다.

강남역 부근의 동아극장은 논현동에 이미 세워진 우진필름의 시네하우스가 폐업하고 한국영화 제작사가 직영하는 유일한 멀티플렉스 극장이었다. 그야말로 한국영화인의 자존심 같은 극장이었다. 극장은 2000년대 CGV에 팔리고 동아수출공사는 양재동 디오빌딩 3층으로 사무실을 이전했다. 여러 극장들도 모두 정리되었다.

그리고 2021년 도곡동 캐릭터빌로 옮겨 2년간 운영 후 인천에 오픈한 넥스트 스튜디오로 이전하여 지금에 이른다.

기획상무였던 동생 이권석과 1984년 출장 중에

## 동아수출공사 이권석 상무

이우석 회장의 17살 터울 동생인 이권석 상무(1952~2019)는 동아수출공사에서 제작 상무로 일하며 기획, 제작을 총괄하는 실세였다. 물론 이 회장의 결제를 받아야하지만 제작진은 그와 의논하며 제작 진행을 하였다.

이 회장은 막내동생인 권석을 부산 동신국민학교 3학년 때 서울로 데려와 공부시켰다. 덕수국민학교를 거쳐 양정고와 경희대를 졸업한 그는 1979년 동아수출공사에 입사해 기획실에서 근무하며 명작 산실의 주역이 되었다.

여러 직원들이 있었지만 주인으로서 당연한건데 쉽지 않은 일이다. 영화 한 편의 제작기는 책으로 만들어도 될 분량이다. 그만큼 비화, 사건, 사고가 많다. 기획실은 그야말로 해결사 조직이다. 제작이 원활하게 진행되어야 하기 때문이다.

그는 시나리오 분석 및 감독 등 스태프 구성, 촬영, 후반작업, 마케팅, 개봉 등을 포함해 프로덕션 전반을 진두지휘했다.

그는 제작진과 동고동락하다시피 뒷받침했고 여러 화제작들을 만들며 차츰 건강을 해쳤다. 결국 67세의 나이에 독신으로 별세하였으니 형의 심정은 어떠할까? 이우석 회장에 의하면 따로이 홀로 살다가 심장마비로 죽은 것이라고 한다. '서울로 데려오지 않고 부산에서 그냥 있었더라면'이라고 생각할 수도 있지만, 그것은 운명이라고 생각할 수밖에 없었다.

그리고 성주의 선산, 이 회장 자신의 가묘 옆에 봉분을 만들었다. 그 심정을 아는 이는 많지 않다. 나는 그와 두 살 터울 아래인데 만난 적은 없지만 젊은 나이에 목숨 걸고 한국영화 발전에 일조한 그라는 것은 확실하다.

그가 기획한 영화는 1979년 석래명 감독의 〈가을비 우산 속에〉부터 1994년 곽지균 감독의 〈겨울나그네〉까지 34편이다. 1992년, 제12회 한국영화평론가협회 주최의 영평상에서 특별공로상을 수상했다.

〈겨울나그네〉의 한 장면

최배달 총재(맨 왼쪽), 김운용 총재와 함께

## 무예영화 제작기

이우석 회장은 무도인이라고 해도 과언이 아닌데 그의 무예사랑은 오래되었고 영화에서도 구현되었다. 그는 일찍이 김운용 국기원 초대원장과 교류하며 국기원 이사를 오랫동안 역임하였다. 그런가 하면 〈바람의 파이터〉로 소개된 최배달과도 교류하며 그의 일대기 영화 제작을 모색하였다. 지금은 진종호 회장이 이끄는 (사)세계통합무술연맹의 이사장을 맡고 있다.

동아수출공사는 85편의 영화를 제작하였는데 그중에서 무예영화 장르를 많이 제작하였다. 그가 제작한 첫 번째 영화도 김시현 감독의 〈황사진〉(1973)으로 무예영화였고 그외 〈일대영웅〉(1973), 〈마지막 다섯손가락〉(1974), 〈위험한 영웅〉(1974), 〈밀명객〉(1976), 〈흑룡강〉(1976), 〈일격필살〉(1977) 등의 영화를 제작하였다.

그런가 하면 홍콩의 골든하베스트의 주요 액션영화를 수입하여 한국에 홍콩영화 붐을 일으킨다. 그것은 단순하거나 우연이 아니었고 그의 영화 수출의 안목을 보여주는 일이었다. 홍콩에 지사를 둔 것도 영화사 중에서는 동아수출공사가 처음이었다. 영화진흥공사가 설립한 홍콩지사를 인수하여 한국영화 수출과 수입의 전진기지로 삼았다.

이소룡의 홍콩영화 컴백작인 〈당산대형〉이 그의 주목을 받은 것은 당연한 일이었다. 그러나 당시는 외화 쿼터가 20개로 한정되어 있었던 시절이라 마음대로 외화수입을 할 수가 없었던 일이었다. 그는 〈당산대형〉을 추천하였으나 선뜻 수입하려는 영화사가 없었다. 신상옥 감독의 신필름은 이 영화를 수입하려고 명보극장의 다음 프로로 선정했다. 그러나 신상옥 감독은 〈외팔이〉 시리즈로 한국에 많이 알려진 장철 감독의 신작 〈권격〉을 수입하며 〈당산대형〉의 수입은 보류되었다.

결국 이소룡 사후인 1973년에야 〈정무문〉이 개봉되며 한국영화계에 이소룡 영화 선풍이 불며 〈당산대형〉은 뒤늦게 수입되기에 이른다. 그의 안목은 성룡의 출세작인 〈취권〉에서도 마찬가지였다. 이 영화의 수입을 적극 추천하여 연방영화사가 수입하여 1979년 최고 흥행작이 되었다. 영화수입 자유화 이전에 있었던 일들이다.

이 회장은 골든하베스트의 레이몬드 초우 회장과 상호 방문하며 교류하여 신작들을 거의 독점하다시피 수입하여 그의 소유인 동아극장에서 개봉하여 대박을 터뜨린다. 당시는 성룡이 독주하던 시대이며 성룡의 인기는 이소룡에 버금가는 것이었다. 성룡은 이 회장을 양아버지로 모셨고 그의 전성기는 이 회장에 의해 지속되었다.

이 회장의 선구적인 노력은 이소룡의 유작인 〈사망적유희〉 완성에도 기여한다. 닮은 꼴 배우인 김태정을 픽업하여 이소룡의 대역배우로 추천하여 그가 이 영화에서 이소룡 역을 맡기에 이른다. 부산에서 올라온 김태정으로서는 하늘의 도움이 아닐 수 없었다. 그토록 원하던 이소룡 대역배우가 되어 이 회장과 홍콩으로 간다.

이소룡 감독의 〈사망적유희〉의 후속감독으로는 〈용쟁호투〉를 감독한 로버트 클로우즈 감독으로 낙점되었다. 당시 골든하베스트의 정창화 감독에게 우선 의뢰되었지만 "이소룡이 만들던 영화는 감독하고 싶지 않다."고 사절하며 결과적으로 로버트 클로우즈 감독에게 기회가 돌아갔다.

당룡은 3년 여를 호텔에서 지내며 〈사망적유희〉의 마무리 촬영을 하였다. 드디어 영화는 〈사망유희〉라는 제목으로 1978년에야 전세계에 개봉된다. 이 영화 완성에서 이 회장의 기여도는 막대하였

〈사망탑〉의 홍콩 신문광고

다. 그러한 후광 덕에 김태정은 당룡이라는 예명으로 세기의 스타로 발돋움하게 된다. 김태정으로서는 자신이 그토록 원하던 꿈을 이룬 것이다.

그러나 그는 다시 주어진 〈사망탑〉에서 대역배우의 한계를 실감하며 이소룡 캐릭터에 불만을 드러내고 촬영 중 삭발하는 소동을 일으킨다. 오사원 감독으로서는 난감한 일이었고 당룡의 머리가 다시 자랄 때까지 촬영을 보류한다. 이 사건으로 문제아가 된 당룡은 〈사망탑〉 완성 후 귀국하여 동아수출공사가 제작하는 〈아가씨 참으세요〉에 출연한다. 그 후 미국으로 떠나 지리한 이민생활을 하던 당룡은 2011년에 생을 달리하며 대역배우로서의 영화인생을 마감한다.

이 회장으로서야 답답한 일이었지만 당룡이 결정한 일이므로 어쩔 수 없는 일이었다. 이 회장은 지금도 당룡의 일화를 내게 수없이 이야기하며 아쉬워한다. 당시 배우 관리 시스템이 자리 잡지 못했던 시절에 벌어진 일로 당룡 배우의 사례는 배우의 자기 관리와 본격적인 매니지먼트 시스템이 자리 잡게 되는 계기가 되었다.

2023년 9월 22일, 바비 김, 황정리 배우와 만난 이우석 회장

2023년 9월 22일 미국에서 5년 만에 귀국한 바비 김과의 만남이 이루어졌다. 바비 김은 〈죽음의 승부〉(1975), 〈만주인의 복수(Manchurian Avenger)〉(1982), 〈킬 라인(살귀/Kill Line)〉(1989)으로 알려진 글로벌 스타이다. 이 자리에는 〈취권〉의 황정리 배우도 동석하여 오랜만의 만남으로 화기애애한 대화가 있었다. 1979년이라면 거의 사반세기 전인데 당시보다 다소 살찐 황 배우를 명함의 과거 사진과 번갈아 보며 몰라보겠다며 놀라워했다.

이 회장은 자신의 의도대로라면 성룡과 같은 한국 스타의 출현도 가능했고 한국무예영화도 세계적인 장르로 성공할 수 있었을 것이다. 아쉽지만 그의 노력은 타 장르로 실현되었다. 그가 그토록 원하던 일본영화 앞지르기 프로젝트는 도쿄에서 개최된 아시아태평양영화제에서 배창호 감독의 〈깊고 푸른 밤〉(1985)이 최우수작품상을 받으며 실현된다.

동아수출공사와 이우석 회장은 모두가 경원시하며 외면했던 무예영화 장르에서도 꾸준한 노력을 하였고 그의 필모그래피에서 확인되고 있다. 그는 한국무예배우들을 아끼고 한국이소룡기념사업회 일과 한국영화100년사연구회에도 지대한 관심을 갖고 있다. 이 회장은 해마다 영화배우 송년회를 개최해오고 있는데 올해에는 한국무예배우 송년회를 따로 개최해 봄직하다.

## 이우석 회장과 이소룡

이우석 회장과 이소룡, 두 분은 다섯 살 차이로 이우석 회장이 연상이다. 이우석 회장이 영화 수출입 관계로 홍콩을 자주 방문하여 이소룡의 존재를 알았지만 살아 생전에는 만나질 못했다. 일부러 만나려고 했으면 만날 수도 있었겠지만 그렇게 빨리 요절할 줄은 누구도 몰랐다.

그리고 남겨진 유작 〈사망적유희〉의 대역을 찾는 소식을 듣고는

잡지에 실린 당룡의 기사

국내에서 배우를 물색 중에 당룡 김태정의 존재를 알게 된다.

이 회장은 당룡을 스카우트 하여 홍콩으로 보내 오디션을 받게 한다. 그리고 모든 후원을 아끼지 않았고 국내 판권분의 투자를 하였다. 3년 여에 걸쳐 촬영이 재개되며 1978년 3월에 완성되어 홍콩에서 개봉된다. 국내에서는 5월 동아수출공사가 수입하여 스카라 극장에서 개봉되었다. 이소룡의 유작에 김태정을 투입하여 완성시키겠다는 이우석 회장의 끈질긴 집념의 결과였다.

## <사망유희> 제작과 완성까지

〈사망유희〉(〈사망유희〉의 원제는 〈사망적유희〉이다.)는 '세계 무술왕'이라는 주제로 동양무술의 정수를 보여주고자 〈정무문〉 이후 일찍이 기획되었다. 그러나 〈맹룡과강〉이 선제작되며 제작이 연기되었다가 1972년 9월 〈맹룡과강〉이 개봉되고 바로 제작에 착수하여 9월 말부터 촬영이 시작되었다.

그리고 11월 초까지 촬영을 하다가 갑자기 〈용쟁호투〉의 합작제의가 들어와 촬영이 중단되었다. 그것이 결국 촬영 재개되지 못했는데 이소룡 사후 촬영 재개가 추진되었지만 나유 감독이나 정창화 감독 모두 감독을 맡기를 거절하였고 결국 〈용쟁호투〉의 로버트 클로우즈 감독이 메가폰을 잡았다. 나유 감독은 이소룡과의 불화 앙금이 있었고 정창화 감독은 누군가 찍다만 영화를 잘 만들 자신이 없다는 것이 거절 이유였다.

1978년 3월 완성되어 개봉될 때까지 과연 어떤 일들이 있었을까? 그 사이 이우석 회장의 활동상을 알아보자. 일단 이 회장은 국내에서 〈태권도의 가는길〉(유현목, 1970), 〈일대영웅〉(팽장귀, 강범구, 1973), 〈황사진〉(김시현, 1973), 〈위험한 영웅〉(오우삼, 김명용, 1974), 〈마지막 다섯손가락〉(김선경, 1974) 등을 제작했던 참이다. 그는 태권도와의 인연과 국기원을 설립한 김운용 대한태권도협회 회장과의 친분으로 초대 국기원 이사를 겸직하였다.

그의 이러한 태권도 사랑은 훗날 최배달과의 교류로 이어지며 그의 일대기를 영화화 추진하기도 하다. 결국 최배달과 방학기 화백과의 만남도 주선해 〈바람의 파이터〉가 극화되기도 했는데 영화화는 다른 영화사에서 추진되었다. 이 회장 자신이 태권도 수련을 하지는 않았지만 애정만큼은 김운용 회장 이상이었다고 볼 수 있다.

그에게 훗날 당룡이라는 예명이 붙은 김태정이 포착되었다. 당초에 김태정은 황영실 사장의 국제영화사에 픽업되어 전속계약을 하고 데뷔작을 준비 중이었는데 황 사장은 차일피일 미루며 시간을

끌기만 했다. 그로서도 이소룡을 빼닮은 김태정의 상품성을 알아보고 좋은 시나리오를 찾았기 때문이다.

그러나 김태정의 마음은 바쁘기만 했다. 제2의 이소룡으로, 한국 이소룡으로 스크린에서 자신의 모습을 보여주고 싶은 마음인데 제 마음처럼 되어가질 않고 시간만 흘러갈 뿐이었다. 그에게 이소룡의 유작인 〈사망적유희〉 이소룡의 대역을 선발한다는 소식은 그의 마음을 더욱 들뜨게 하였다. 그는 황영실 사장에게 전속계약 파기를 선언하고 농아수출공사를 찾아와 이우석 회장을 만난다.

이 회장은 국제영화사와의 전속금 문제 해결을 위해 위약금을

대신 물어주었다. 그리고 김태정을 국제적인 스타로 키우기 위해 전력투구한다. 매니저 겸 후견인으로 그에게 운동할 수 있는 여건을 마련해주고 평소에 친분이 있었던 레이몬드 초우에게 연락해 오디션을 봐줄 것을 요청한다. 김태정은 홍콩으로 건너가서 갈고닦은 솜씨를 보여주며 무난히 오디션을 통과해 드디어 제2의 이소룡으로서 〈사망유희〉에서 이소룡이 못 찍은 장면에서 대역을 맡게 된다. 이우석 회장의 노력이 뒷받침하였던 것은 두 말할 나위 없다.

이 회장은 당룡의 매니저로서 "집을 사줄까? 아니면 호텔에 있을래?"를 물었고 당룡은 호텔에 있겠다고 대답했다. 집을 샀더라면

부동산 투자 소득까지 컸겠지만 김태정으로서는 우선 편안한 생활을 희망했었고 곧 펼쳐질 글로벌 스타로서의 자만심도 컸을 것이다.

그렇게 3년여 간 홍콩에 체류하며 〈사망적유희〉의 촬영은 진행되었고 1978년 3월 23일 드디어 〈사망유희〉란 제목으로 홍콩에서 개봉된다. 한국 판권은 당연히 동아수출공사가 갖고 있었고 검열 등 여러 행정 절차를 거쳐 5월 18일 스카라극장에서 개봉된다.

김태정은 고국을 떠난 지 3년 만에 당룡이란 예명으로 스카라극장에서 팬 사인회를 가졌다. 영화는 비록 추문회, 이소룡 두 사람의 제작으로 되었지만 이우석 회장이 김태정을 캐스팅해 추천하였고 막후에서 여러 지원을 아끼지 않았기에 공동제작자나 진배없다. 이우석 회장이 있었기에 〈사망유희〉는 그나마 1978년에 완성될 수 있었다.

촬영과정에서의 우여곡절은 책 한 권 거리이다. 자세한 내막은 졸저 『이소룡 평전』에 일부 소개되었고 이 책에서 구체적으로 소개된다.

이우석 회장은 당룡을 픽업해 홍콩으로 보내 〈사망유희〉의 주인공으로 이소룡 대역을 마칠 수 있게끔 온갖 뒷바라지를 다했다. 그러나 이러한 사실들은 언론에서 기사화되지 못하고 당룡이라는 뉴스타의 출현에만 포커스가 맞추어져 있었다.

당룡은 〈사망유희〉 개봉 후 홍콩의 오사원 감독이 기획한 〈사망탑〉에 출연한다. 이우석 회장은 한국측 공동제작자로 나서 제작지원을 하며 공동제작으로 완성을 도와 1980년 3월 1일 국내 개봉한다. 이 영화는 〈사망유희〉의 속편 영화였지만 86,712명이 관람하여 흥행은 저조했다.

이 회장은 당룡의 국내 본격 복귀작으로 〈아가씨 참으세요〉를 확정한다. 이형표 감독의 이 영화에서 톱스타인 정윤희와 공연했지만 영화는 흥행이 저조했다. 이유는 성룡의 무술영화 〈취권〉의 성공으로 시대가 바뀌어 버렸기 때문이다. 세상은 성룡 류의 코믹액션영화 시대로 접어들었고 이소룡의 영화 시대는 저물어가고 있었던

〈아가씨 참으세요〉에서 당룡

것이다.

동아수출공사에서 당룡의 후속작을 기획하던 어느 날, 당룡은 동아수출공사 전속배우임에도 불구하고 《쌍배》라는 대만영화에 무단 출연한다. 이 회장은 당룡을 불러 출연 경위를 물었으나 "회장님이 출장 가셔서 보고할 수가 없었다."는 답변을 들었다. 그리고 별다른 제재를 가하지 않았고 넘어가 주었다. 얼마 후 이 회장은 당룡의 요청을 받아 배창호 감독의 〈깊고 푸른 밤〉 촬영팀에 합류시켜 미국여행까지 시켜주었다.

이 회장은 당룡이 불법체류자가 되어 미국에 잔류할 것이라고 생각했지만 당룡은 약속을 지켜 귀국을 하였다. 후속작을 기다리던 당룡은 마침 한국에 온 오사원 감독을 우연히 만나 〈특명 어벤저〉에 출연하고자 미국으로 간다. 장 끌로드 반담의 데뷔작인 이 영화에 출연 이후 그는 미국 전역을 떠돌며 본격적인 이민자로 살게 된다. 이로써 당룡은 동아수출공사와 완전 결별하게 된 것이다. 이후 이우석 회장은 당룡을 본 적이 없다. 당룡이 여러 차례 귀국하였지만 이우석 회장을 찾아 볼 면목이 없어서였다.

이우석 회장의 사무실이 내가 근무하던 EBS 사무실과 멀지 않았지만 그는 이우석 회장을 만날 엄두를 내지 못했다. 그리고 2011년 8월 27일 지병으로 세상을 떠난다. 이우석 회장은 그후 가끔은 그의 이야기를 하지만 허허 웃고 말 뿐이다.

그때 이우석 회장을 믿고 의지하였더라면 어땠을까? 적어도 맨땅에 헤딩하는 일은 없었을 것이다.

동아수출공사는 〈깊고 푸른 밤〉으로 흥행기록을 경신하고 아아시아태평양영화제에서 작품상을 받는 등 그 저력을 입증하고 그뒤 〈고래사냥〉으로 다시 흥행 대박을 보여준다. 아울러 자회사인 영성프로덕션을 설립하고 성룡 영화를 수입하며 강남역에 동아극장을 오픈하는 등 탄탄대로를 걷는다.

인생사 '새옹지마'라는 말이 있다. '소탐대실'도 당룡의 사례를 말하는 사자성어일 것이다.

동아수출공사 초청으로 방한한 레이몬드 초우 회장

당룡을 생각하면 이우석 회장이 자연스럽게 떠오르는데 레이몬드 초우와 이소룡처럼 잘 될 수도 있었을 텐데라는 아쉬움이 크다.

## <사망탑> 혹은 <사망유희2>

1980년 오사원, 강범구 공동감독. 이소룡, 당룡, 황정리, 로이 호랜이 출연한 이 영화는 한국과 홍콩의 합작영화이다.

출연자인 당룡의 말에 따르면 골든하베스트사가 제작하고 오사원이 연출, 원화평이 무술감독을 맡은 이 영화는 한국과 홍콩, 일본에서 촬영하였다고 한다. 이 영화 촬영 중 한국에 먼저 들어온 당룡은 조선호텔에 묵으며 지하 이발관에서 삭발을 하였다는데 머리

〈사망탑〉의 포스터

가 다시 장발이 될 동안 촬영이 중단되었던 에피소드를 들려주었다. 삭발한 이유는 이소룡 대역배우로서 자신의 정체성에 대한 심한 갈등 때문이었다. 제작자에게 미안한 일이었지만 당시 그의 심경으로는 어쩔 수 없었다고 한다.

그리고 그는 그가 무술을 익혔던 절로 들어가 무술훈련을 하며 도(?)를 닦았다고 한다.

그렇게 반 년동안 촬영이 중단되는 우여곡절 끝에 완성된다. 나는 스카라극장에서 이 영화를 보았는데 삼십여 년이 지난 후 DVD를 통해 보니 이소룡의 모습이 곳곳에 편집되어 들어가 있었다.

이 영화의 영어제목은 〈Game of Death 2〉이다. 이소룡영화콜렉션에도 당연히 들어가 있다.

이 영화 출연 후 당룡은 〈아가씨 참으세요〉에 출연하고 그후 미국으로 떠난다. 미국에서 촬영한 〈특명 어벤저〉는 그의 마지막 출연작이 되었다.

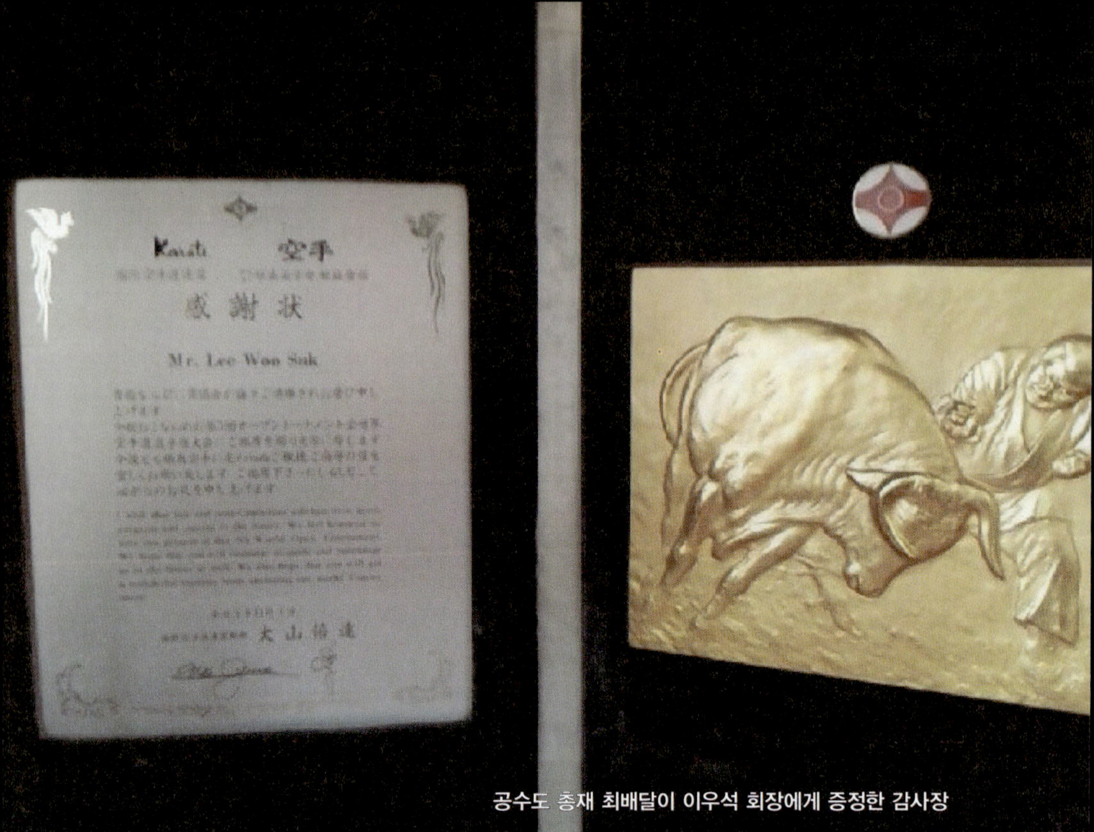

공수도 총재 최배달이 이우석 회장에게 증정한 감사장

## 이우석 회장과 <바람의 파이터>

이우석 회장이 만들려고 했지만 1994년 4월, 최배달이 갑작스레 별세하고 방학기 화백의 만화 원작을 다른 회사가 계약하여 2004년에 영화화했다. 인연이 거기까지였던 모양이다.

구술 실화를 바탕으로 일본 로케이션으로 제작을 했다. 극영화이므로 픽션 상황이 들어가 있는 점을 고려해도 잘 만든 영화이다. 한 무도인의 고뇌를 과장없이 담백하게 감동적으로 그려냈기 때문이다.

영화 〈바람의 파이터〉의 한 장면

엔딩의 대결투를 마치고 나오는 독백이 인상적이다. 최고의 파이터다운 독백이다. "나는 싸우는 것이 두렵다. 맞는 것이 두렵고, 지는 것이 두렵다. 싸우다 죽는 것보다, 불구나 폐인으로 살아남을까봐 더욱 두렵다. 바람의 소리가 들린다. 내 안에서 바람처럼 불고 있는 두려움과 공포의 소리." 이 영화는 아직도 케이블 채널에서 종종 볼 수 있다.

# 동아수출공사 제작 영화와 수입 외화를 정리하며

㈜동아수출공사는 한국영화100년사에 기록될 영화사이다. 그도 그런게 한국영화 제작 편수가 85편이고 〈깊고 푸른밤〉으로 최고 흥행기록을 수립했다. 해외영화제 수상기록 또한 최다이다.

외화수입은 그 기록을 모두 찾을 수 없지만 한국영상자료원의 기록에 의하면 161편이다. 그러나 실제는 그보다 많다. 〈공군대전략〉, 〈007 죽느냐 사느냐〉, 〈원초적 본능〉 등 빠진 영화들이 눈에 띄기 때문이다. 〈007 죽느냐 사느냐(007 live and Let Die)〉는 '007 살고 죽게 두다'라는 원뜻을 의역해 〈007 죽느냐 사느냐〉로 작명해 흥행이 됐다고 예로 드는 영화이다.

처음에는 동아수출공사 제작 영화와 수입 외화를 한 스무 편씩을 소개하려 했지만 너무도 많은 영화들을 소개하게 되었다. 그만큼 눈에 띄는 영화들이 많았기 때문이다.

그외에 자회사인 영성프로덕션에서 출시된 비디오 영화들은 정보 파악조차 안 되는데 사무실 이전을 몇 차례 하며 모두 소실된 것으로 파악된다. 이호성 사장에 의하면 한 달에 5편씩 최소 5~6년간 출시되어 500~600편 정도 출시되었을 것이라고 추정한다. 사장이 별도로 있어서 정확한 파악을 하지 못한다고 하는데 홍콩의 골든하베스트 영화들은 전편을 수입해 출시하였다고 한다. 그외 미국영화, 한국영화 포함하면 그 정도 될 것이라는 증언이다.

그리고 회사명에도 들어간 '수출'이란 단어를 통해 알 수 있듯이 수출한 한국영화는 또 얼마나 많은가. 〈미워도 다시한번〉 시리즈부터 오십 여편 이상이라고 이 회장은 술회한다. 이 모두가 한국영화 역사를 위한 자료들이다.

제작되거나 수입된 외화들이거나 그 모두가 중요한 게 영화란 장르는 서로가 영향을 주고 받는 매체이기 때문이다. 한국영화사를 알기 위해선 당시 상영된 외화 역시도 입체적으로 분석해야 제대로 서술할 수 있다.

많은 영화사들이 설립되고 명멸하였는데 이렇게 다작을 제작하고 수입한 회사는 동아수출공사가 유일하다. 현재도 개업 때의 회사명으로 폐업 신고를 안 한 회사는 동아수출공사가 유일하다. 우진필름도 오래되었지만 파이오니어로 개명하였다.

한국영화 100년사에 이 회장만한 승부사도 드물다. 흥행이 될 수 있는 영화를 골라서 제작과 수출, 수입을 했다. 그 모두가 흥행에 성공한 것은 아니겠지만 적어도 절반은 수익을 창출했기에 한창 때인 1990년대 전 직원이 70여 명에 이르렀던 것이다.

이우석 회장은 자신과 동아수출공사 기념관을 지금부터라도 준비하고 후대를 위하여 건립하여야 한다. 지금부터라도 찾아낼 남아있는 자료는 한국영화 역사를 위한 귀중한 자료들이다. 사라진 자료는 어쩔 수 없지만 현재 시장에 나와 있는 많은 자료들은 구입하면 복원도 가능하다. 어딘가 남겨진 자료들의 기증도 기대해 볼 수 있다.

신영균 회장의 기념관도 제주도에 존재하는 상황에서 동아수출공사 이우석 기념관이 없어서는 안 될 일이다. 장소는 한국영상자료원일 수도 있겠지만 동아수출공사 소유인 인천 항동의 넥스트 스튜디오의 한 곳이었으면 한다. 자료는 후대에 전해져야 할 소중한 문화 유산이다. 부디 지금이라도 준비하여야 할 일이다.

다음의 동아수출공사 제작, 수입의 관련영화들은 화제작 우선으로 선정하여 소개한다. 순서는 제작 순이고 수입작들은 한국영상자료원 Kmdb의 소개 순이다.

## ● 동아수출공사 제작 한국영화

(영화 정보 출처: KMDB)

### 1. 〈황사진〉(1973년)

**감독** 김시현

**출연** 고강, 윤양하, 우연정, 윤소라, 이예민

**줄거리** 1911년 중국, 조국을 잃고 망명길에 오른 한국인 한민은 우연히 신해혁명군의 유언으로 무기수송을 부탁받으나 군벌의 부하 진경파 일당의 방해로 항상 어려움에 봉착한다. 하지만 그들을 물리치고 차례차례 임무를 수행하는데, 우웅비의 협박으로 위기에 처한다. 일본군이 들이닥치고 기차에 무기를 실으려고 하는 순간에 과오를 뉘우친 웅비가 이들을 저지하고 한민은 무기를 싣고 기차로 떠난다.

### 2. 〈일대영웅〉(1973년)

**감독** 팽장귀, 강범구

**출연** 박종국, 이이, 방수일, 양위, 장일식

**줄거리** 화천공장 주인인 이성에게 만주에서 자신을 도와준 은인의 아들 공안이 찾아온다. 씨름판에서 한국인에게 우승을 빼앗긴 구라다와 낭인들은 행패를 부리며 독립군에게 돈을 대주고 있던 이성의 공장에 원료 공급을 중단하고 폭력까지 가하며, 원료를 구하러 다니는 직원들을 살해한다. 이에 분개한 공안이 일인들을 죽이자, 그들은 공안을 잡기 위해 이성의 딸 설아를 인질로 삼는다. 설아를 구하기 위해 구라다의 도장을 찾아간 공안은 그들과 혈전을 벌여 모두 처단하고, 일경에 의해 장렬한 최후를 맞이한다.

## 3. 〈흑녀〉(1973년)

**감독** 강대선

**출연** 김인순, 강민철, 장혁, 윤양하, 박암

**줄거리** 흑인 혼혈아인 난은 장래를 약속했던 현석이 편지만 남기고 떠나자 윤락녀가 된다. 난은 뛰어난 몸매와 율동으로 인기를 독차지 한다. 생활터전을 갖기 시작하자 난은 비밀로 정박아 유아원을 돕는다. 유수한 기업체의 섭외담당자들의 인기를 독점한 난은 기묘한 수법으로 돈을 벌어 성공한다. 그러나 난은 공허감에 휩싸이고 현석을 찾으나 두눈을 실명한 현석을 보고 증오했던 마음대신 괴로움을 느낀다. 난에게 용서를 빌며 현석이 떠나가자, 난은 울며 그를 뒤쫓아간다.

## 4. 〈마지막 다섯손가락〉(1974년)

**감독** 김선경

**출연** 박종국, 박남옥, 신진희, 제임스 쿡, 장일식

**줄거리** 일본인 아편 밀매상 아라이는 마사, 야마구찌와 함께 조총련 간부인 윤태호를 이용하여 거액을 입수한다. 아라이는 이 사실을 은폐하기 위해 감옥으로 가고 10년을 기약한다. 그는 감옥에서 만난 한국인 용에게 마사와 야마구찌의 살인을 청부하고 먼저 출감한 용은 아라이의 애인 이사벨라를 만나 살인계획을 세운다. 한편 용은 우연히 만난 한국인 하나꼬를 사랑하게 된다. 그러나 아라이가 출감한 후에도 약속을 이행하지 않자 용은 그마저 죽이고 이에 이사벨라는 하나꼬를 납치해 살해한다. 결국 모든 것이 조총련의 공작임을 알게 된 용은 일망타진하고 조국으로 돌아간다.

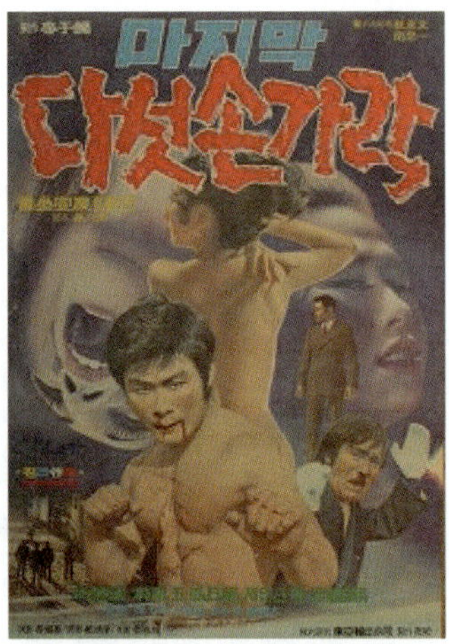

## 5. 〈위험한 영웅〉(1974년)

**감독** 오우삼, 김명용

**출연** 이대엽, 김창숙, 우연정, 전준, 황가달

**줄거리** 중국인 종걸은 사범의 권유로 한국의 태권도 고수를 만나 무술을 배우고자 한국에 온다. 길을 지나던 종걸은 가라데를 하는 엄곡일당이 태권도장을 쑥대밭으로 만든 것을 보고 엄곡과 결투를 벌인 후, 우연히 남궁사범을 만나 아팔이 머무르는 절에 기거하게 된다. 종걸은 아팔에게 태권도 고수 신영정을 만나게 해달라 부탁하고, 아팔이 주선한 도장에서 만난 엄무를 따라 갔다 태권도 고수 백목을 만나 그의 제자가 된다. 태권도 전수에 정진하던 종걸은 엄무와 엄곡이 합심하여 태권도 도장들을 공격하고, 백목이 그 과정에서 다치자 분노하여 그들과 일대 결전을 벌여 승리한다.

## 6. 〈지구여 멈춰라 내리고 싶다〉(1974년)

**감독** 이재웅

**출연** 김성아, 남진, 박상규, 정민, 송해

**줄거리** 건축과 대학생 박영은 버스에서 만난 여대생 오경아를 끈질기게 쫓아다닌 끝에 사랑하는 사이가 된다. 그러나 경아를 정략결혼 시키려는 집안의 반대에 부딪혀 두 연인은 도피행각을 시작한다. 해변가 오두막에서 지내던 날, 습격한 괴한을 죽이게 된 영과 경아는 외딴 산 속에 숨어든다. 결국 경아를 찾아나선 오빠 경식의 추적으로 영은 오토바이를 탄 채 낭떠러지에 떨어져 죽고 경아는 슬픈 눈물을 흘린다. 그러나 모든 것은 꿈이었고 영은 그 여대생의 어깨에 기대어 잠이 들었던 것이다.

## 7. 〈파계〉(1974년)

**감독** 김기영

**출연** 임예진, 김병학, 정한헌, 최불암, 박병호

**줄거리** 전쟁 고아 출신인 침해는 덕망 있는 젊은 승려로서 고승의 법통을 이어받을 마지막 후보가 된다. 단식과 율법 대결 등을 거친 그에게 마지막 과제로 아름다운 비구니 묘혼을 통한 이성에의 진리탐구가 주어진다. 영화는 고은의 소설을 원작으로 하지만 원작은 물론 깨달음을 위한 구도정진을 주로 그리는 대개의 일반적인 불교영화와는 궤를 달리한다. 법통 계승을 둘러싼 올깨끼(어린 나이에 절에 들어온 승려)와 늦깨끼(장성하여 절에 들어온 승려)의 경쟁과 권력 다툼을 중심으로 침해와 묘혼이라는 젊은 남녀승이 떠맡은 사랑과 육신의 업을 다루고 있는 영화는 산사를 배경으로 한 불교영화의 외피 속에서 인간의 욕망을 둘러싼 힘의 쟁탈전을 그리고 있다.

## 8. 〈남사당〉(1974년)

**감독** 이규환

**출연** 윤미라, 최성호, 조재성, 하용수, 한세훈

**줄거리** 천애고아 덕이는 남사당 꼭두쇠 박치삼에게 발견되어 남자로 가장하고 남사당 생활을 하다가 같은 또래의 남자 삐리 만준과 친해진다. 성장한 덕은 시골 장터에서 놀이마당을 벌이던 중 우연히 만준과 재회하여 결혼하나 만진의 지극한 사랑에도 불구하고 그의 곁을 떠나 남사당패에게로 돌아온다. 남사당들은 죽은 박치삼의 뒤를 잇는 꼭두쇠로 덕이를 추대한다. 도망간 덕이를 찾아 유랑하던 만준은 덕이를 찾는데 성공하지만 이미 덕이를 집으로 데려갈 수 없음을 깨닫는다. 남사당과 함께 서민의 애환을 달래며 살아온 덕이는 어느 추운 겨울날 풍요로운 가락을 벗삼아 황량한 벌판에서 홀로 최후를 맞는다.

## 9. 〈황혼의 만하탄〉(1974년)

**감독** 강범구

**출연** 윤일봉, 양정화, 박성수, 석인수, 오영아

**줄거리** 여자 운전기사 이효순은 교통사고를 일으켜 6개월의 형을 받고 복역하던 중 간수가 권하는 미국인과 펜팔을 하게 되고,그것을 인연으로 서류상의 결혼을 한 후 출감하자마자 미국으로 떠난다. 미국에서 다시 택시업을 하며 미지의 한국계 미국인과 행복한 생활을 설계할 꿈을 안고 로스앤젤리스 공항에 도착한 그녀는 남편이 아닌 남편 친구 정식의 마중을 받는다. 낯선 곳에서의 생활은 처음부터 빗나가기 시작하고 효순은 삶의 어려움을 절감한다. 2년이 흐른 뒤 집과 재산을 장만한 효순은 남편이 아직 6개월 후에나 돌아올 것을 생각하며 인생의 덧없음에 한숨을 짓는다.

## 10. 〈애수의 샌프란시스코〉(1975년)

**감독** 이재웅

**출연** 김성아, 남진, 박상규, 정민, 송해

**줄거리** 재미교포이며 사업가로서 든든한 터전을 잡은 신성호는 고국으로부터 치료차 미국에 온 소녀 선희를 내과의사인 아내 유리에게 맡긴다. 선희는 심장에 치명적인 병을 가지고 있어 거의 절망적이라는 한국측의 진단대로 미국에서도 별 차이가 없다. 그러다가 선희의 아버지 하일이 미국에 나타나는데 그는 다름아닌 유리가 고국에서 동거했던 전 애인이었다. 선희는 하일과 유리의 아이였던 것이다. 괴로워하는 유리, 모든 것을 감추려는 하일, 이러한 관계를 알면서도 아내를 이해하려는 성호. 결국 하일은 딸의 기적적인 소생을 바라며 유리에게 남겨두고 고국으로 떠나는 여객기에 몸을 싣는다.

## 11. 〈육체의 약속〉(1975년)

**감독** 김기영

**출연** 김지미, 이정길, 박정자, 박암, 조재성

**줄거리** 여러 번 남자들에게 배신을 당한 상처 때문에 우발적으로 살인을 저지른 효순은 여교도관의 배려로 고향 여수에 특별 휴가를 간다. 기차에서 만난 청년은 일행에 호의를 보인다. 친구에게 빚을 받으러 가는 그에게 교도관은 효순에게 삶의 의지를 불어 넣어 달라고 부탁한다. 효순에게 결혼을 제안한 후 청년은 친구를 만나지만, 살인죄를 뒤집어쓰게 된다. 다시 서울로 가는 기차에서 만난 청년과 효순은 정사를 하지만 여전히 효순은 냉랭하기만 하다. 교도소에 들어간 효순에게 교도관은 청년이 형사가 뒤따르는 것도 무릅쓰고 효순을 위해 여기까지 왔다고 이야기한다.

## 12. 〈태풍을 일으킨 사나이〉(1975년)

**감독** 이정호

**출연** 이대근, 최영주, 허장강, 여수진, 김석훈

**줄거리** 월남전선에서 귀환한 성길은 약혼녀 미연이 배신하여 모회사의 송사장의 2호가 되었음을 안다. 욕망의 화신이 된 성길은 증권거래소를 인수하여 단숨에 욕망의 계단을 뛰어오르려고 한다. 한편 고향의 영순이 서울로 와서 그의 아이를 갖는다. 송사장에게 복수를 하면서 성길을 많은 여자들을 만난다. 성길의 사무실에 영순의 전화가 오는데, 아이가 죽자 그 충격으로 영순이 음독하였던 것이다. 비로소 성길은 자신의 행위가 잘못되었음을 알고 회한의 눈물을 흘린다.

## 13. 〈밀행〉(1975년)

**감독** 김시현

**출연** 한국남, 문경희, 황인식, 이예민, 전숙

**줄거리** 어릴때 지독한 가난때문에 어머니가 도망가고 애인인 옥이 마저도 잃게 된 강동민은 사회에 복수하려고 결심한다. 은행을 털던 동민은 친구와의 마찰때문에 그를 사살하고 도주한다. 합주회를 앞둔 음대생 한예지와 그녀의 차를 한꺼번에 강탈한 동민은 고향인 삼척으로 간다. 완강히 반항하던 예지도 동민에게 연민을 느낀다. 고향을 찾은 동민은 술집의 주모가 된 옥과 다른 남자의 아내가 된 어머니로부터 다시한번 처절한 배신감을 맛본다. 결국 경찰의 추적으로 포위당한 동민은 예지의 설득에도 불구하고 환상의 노란 차를 부르짖으며 2층에서 뛰어내린다.

## 14. 〈진짜 진짜 잊지마〉(1976년)

**감독** 문여송

**출연** 임예진, 이덕화, 신구, 문오장, 김윤경

**줄거리** 영수와 정아는 K시의 고등학교에 열차통학하는 학생들로 우정을 맺는다. 이성교제를 엄격히 다스리는 학교에서 많은 말썽을 부리면서도 그들의 사랑은 티없이 영글어 장래까지 약속한다. 그러나 학군단훈련을 마치고 정아를 찾은 영수는 바로 하루 전에 악성폐렴으로 정아가 죽었다는 소식을 듣는다. 같이 걷던 철길을 회상하며 영수는 잃어버린 사연들을 가슴 깊은 곳에 간직하리라 마음을 먹는다.

## 15. 〈걷지말고 뛰어라〉(1976년)

**감독** 최인호

**출연** 하재영, 박은수, 최윤희, 홍유정, 황건

**줄거리** 오랜 노력 끝에 성공한 상민은 그의 옛친구를 찾아 나선다. 7년 전에 거리에서 우연히 만난 길영이 상민은 마음에 들어 친해진다. 그들은 서로의 인생을 살자고 다짐하며 헤어진다. 성공한 후 상민은 길영을 찾지만 그는 파멸의 길을 걷고 있었다.

## 16. 〈바다의 사자들〉(1976년)

**감독** 이재웅

**출연** 채영, 황해, 김경수, 이대엽, 조재성

**줄거리** 동아여대 하기봉사단은 이중령 홍보단장의 인솔하에 해군 낙도 기동 홍보단 LST 함에 오른다. 여대생들이 함에 편승하자 함대의 수병들은 들뜨고 갖가지 사건이 벌어진다. 새로 질서를 잡기 위해 박상도 대위는 여대생들도 포함하여 전투훈련을 시킨다. 한편 정아는 훈련거부를 사과하고 홍보활동에 임한다. 제대한 홍보대원 정태연과 섬아가씨 순이의 결혼식 날 박대위와 장상사는 전투 고속정에 부임한다. 둘은 간첩선을 격침시키나 장상사는 전사한다. LST 함에서 수장이 치루어지고 여대생들도 슬퍼한다.

## 17. 〈정말 꿈이 있다구〉(1976년)

**감독** 문여송

**출연** 임예진, 최불암, 전효진, 김효원, 이숙녀

**줄거리** 소년원에 수감중이던 소매치기 희숙은 신문사 편집국장 송대규의 집에 가석방으로 보호된다. 송국장의 아들 영민은 소아마비로 성격이 삐뚤어진 아이이다. 희숙 또한 제멋대로이다. 그런 희숙과 영민은 만나면 싸움을 한다. 그러나 희숙은 사랑으로 영민을 돌본다. 희숙은 영민을 등에 업고 약속한 6개월 동안 등하교를 한다. 결국 그녀는 영민이 다시 걸을 수 있게 해주었고 자신도 착한 여자로 돌아간다.

## 18. 〈밀명객〉(1976년)

**감독** 김선경

**출연** 왕호, 김순복, 황태수, 조춘, 이강조

**줄거리** 을사보호조약으로 일본에게 국권이 빼앗기게 되자 고종은 이용익을 시켜서 군자금을 은장시키나 고종이 퇴위하자 군대가 해산된다. 동산방의 주지 동산대사는 우국지사로 호국불권을 완성하여 신도에게 전수시킨다. 민정교와 소춘은 정혼자로서 군자금이 강탈당하자 일본군들을 습격하여 금을 탈환하고 민족적 국권회복에 정진한다.

## 19. 〈흑룡강〉(1976년)

**감독** 김선경

**출연** 왕호, 장순자, 황태수, 홍성중, 조춘

**줄거리** 거암은 박상봉에게 무술을 배우려 하나 허락받지 못하고, 상봉의 딸과 연인사이였지만 쫓겨난다. 일본인을 만난 그는 무술을 배우고 일본침략을 용이하게 한다. 상봉은 거암의 이러한 소식을 듣고 괴로워한다. 거암은 친구의 아들이었고 평범한 농부로 키우려고 무술을 가르치지 않는 것이었다. 딸 옥란와 제자 일재는 거암을 찾아 진실을 밝히고 거암은 한민족임을 받아들이게 된다. 이에 일본인을 유인해 없애고 자신의 양손도 스스로 못쓰게 한다. 거암을 데려가려는 와중에 본의 아닌 싸움이 일어나 거암은 죽는다.

## 20. 〈진짜 진짜 미안해〉(1976년)

**감독** 문여송

**출연** 임예진, 이덕화, 김복순, 이경재, 고와라

**줄거리** 정아는 어린시절 자전거 사고에서 자신을 구해주고 얼굴에 상처를 입게된 한 남자아이를 추억으로 간직하고 학창시절을 보내던 중 불량배들에게 시달림을 받는 사건이 벌어진다. 다행히 한 학생의 도움으로 위기에서 벗어나게 되고 그 학생이 어린시절 자신을 구해준 태일이란 학생이란걸 알게된다. 정아는 태일이 자신으로 인해 이마위에 흉터와 한쪽눈의 실명으로 성격의 결함이 생기고 불량학생이 되었다고 생각하고, 그를 돕는데 그로 인해 둘의 우정은 깊어만 간다.

## 21. 〈악인이여 지옥행 열차를 타라〉(1976년)

**감독** 박노식

**출연** 박노식, 장동휘, 안보영, 장혁, 최봉

**줄거리** 1945년 일본의 패잔병들이 사금광산촌으로 와서 박홍근과 한철호에게 사금 은닉처를 알아낸 뒤 그들을 죽이고 어린 동혁을 절벽으로 떨어뜨리고 예지를 창고에 가두나 둘은 구출되어 일본으로 가서 복수를 결심한다. 18년 뒤 옛날 전우들이 의문의 죽음을 당하자 후지와라, 아라끼, 하야시는 의문을 품는다. 어느날 하야시를 죽이고 나오던 예지는 장님이 된 동혁을 만나 함께 복수를 한 뒤 동혁에게 양쪽 눈을 다 주어 광명을 찾게 해주고 자신이 장님이 된다.

## 22. 〈몸부림〉(1976년)

**감독** 김정용, 고 보슈

**출연** 김정훈, 고 보슈, 군래, 진봉진, 윤연경

**줄거리** 중국인 유모를 친어머니로 알고 기난을 이겨내기 위해 몸부림치는 한국인 소년 준은 아버지 대식의 친구인 사업가 정용을 만나 무료 직업학교에 간다. 그러다가 소매치기를 당한 태국인 처녀 주연을 구해주고 의남매를 맺는다. 항상 지켜보던 정용은 그들 자신의 사업후계자로 결심한다. 한편 유모는 준에게 한국인임을 실토하고 준은 한국에서 어머니를 찾지만 재혼한 것을 알고 홍콩으로 돌아가고 불의의 사고로 유모가 죽지만 정용의 온정에 새출발을 기약한다.

## 23. 〈비룡문〉(1977년)

**감독** 김선경

**출연** 박종국, 문영애, 김영인, 장일식, 남수정

**줄거리** 정치, 경제적인 위기에 처한 조총련은 공작금 마련을 위해 태국의 백만장자의 외동딸인 샤트레양의 보석을 노린다. 샤트레는 일본여행을 마치고 홍콩관광을 즐기고 있는데, 조총련의 특명을 받은 민호와 상수가 샤트레의 보석을 갈취하고자 홍콩에 도착한다. 결국 조총련에는 가짜 목걸이만 남겨지고 민호는 진품목걸이를 가지고 놈들의 손아귀를 빠져나오지만 살인자의 누명을 쓰고 쫓기는 몸이 되는데, 뜻밖에도 샤트레의 도움으로 위기를 벗어나 진실의 눈을 뜨게 된다.

## 24. 〈이 다음에 우리는〉(1977년)

**감독** 김응천

**출연** 임예진, 이덕화, 진유영, 김진해, 문미봉

**줄거리** 예원과 영수는 모두 고교 3년생이다. 그들은 대학입시라는 관문을 기필코 넘어서야 한다. 둘은 나란히 대학에 진학해서 그들의 젊은 꿈을 키우고자 약속하고 공부에 전념한다. 그런데 예원은 무난히 목적했던 일류대학에 합격해 대학생이 되었지만 영수는 떨어지고 만다. 어느날 우연히 알게 된 덕진과 예원의 사이가 가까워지자 이러한 사실을 알게 된 영수는 심한 자학에 빠져 집을 뛰쳐나오고,예원은 영수의 재기를 위해 그의 편에 서기로 결심하게 된다.

## 25. 〈일격필살〉(1977년)

**감독** 박호태

**출연** 안태섭, 한유정, 최병철, 김남일, 민선호

**줄거리** 해방후 서울의 태권도장 화랑관에는 일제의 탄압에 뿔뿔이 피신했던 관장 김시영과 진식,경일 등 많은 제자들이 모여들어 재회의 기쁨을 나눈다. 김시영이 불의의 총탄에 쓰러지자 동지들은 스승의 복수를 다짐하나 진식을 제외한 나머지 동지들이 좌익배들에게 체포된다. 이때 백호가 귀국하여 동지들을 구하고 남로당의 코즈니쉬프를 때려눕히자 놈들은 보복책으로 진식의 모친과 여동생 영순을 납치한다. 백호와 진식 두 모녀간의 교환이 이루어지기 직전 공산당에 환멸을 느낀 찬호의 도움으로 위기를 모면한다.

## 26. 〈진짜 진짜 좋아해〉(1977년)

**감독** 문여송

**출연** 임예진, 김현, 최불암, 정운용, 조태윤

**줄거리** 어느날 아침 지영이란 학생은 자건거 산책을 하다가 넘어져 마라톤 연습을 하는 진이라는 남학생의 도움을 받게 된다. 고아이자 고학생인 진은 마라톤의 참피온을 목표로 전국대회를 앞두고 연습을 하다가 쓰러져 병원에 입원하여 심장병 진단을 받았으나 극구 대회에 출전하여 쓰러져 장기간 요양을 해야한다는 진단을 받게 되며, 지영이도 이사실을 알게 된다. 입원한 진을 도우려고 부모님에게 간청해도 거절당한 지영은 카메라를 훔쳐 형사에게 체포되나 사정을 들은 경찰서는 훈방조치한다. 그러나 학교는 지영을 정학시키고, 또한 지영은 주위사람들에게 눈총을 받게 된다. 진은 충격으로 죽고 진의 유품을 태우는 것을 보며 지영은 오열한다.

## 27. 〈여기자 20년〉(1977년)

**감독** 김수용

**출연** 황정아, 이순재, 이대엽, 최남현, 전효진

**줄거리** 18살에 교편을 잡은 정경화는 20살이 되는 해에 영남일보 기자로 출발한다. 첫 취재기사가 신문에 실릴 때 기쁨을 누리기도 하며 어느 고아원의 부정을 파헤친 특종기사를 취재했지만 기사화되지 않아 분노한다. 그러다가 취재관계로 알게 된 김기자와 만나 결혼을 하고 어머니이자 아내이자 여기자로서 사회에 이바지하던 중 4.19와 5.16을 맞게 되고 제3공화국 대통령으로 박정희가 당선되는 날 단독회담의 엄청난 특종으로 영남일보의 사명을 드높였다. 그녀는 여기자 20년을 발안하는데 도움을 주신 육여사님이 참변을 당하시자 그 책을 안고 여사님의 묘전을 찾아 눈물로 보고드린다.

## 28. 〈아리랑 아!〉(1977년)

**감독** 정인엽

**출연** 최불암, 이순재, 도금봉, 송재호, 김수아

**줄거리** 칠순노인인 유관구는 일제시대 선생이었는데 학생들에게 민족운동을 가르쳤다는 고문을 당하여 실어증 환자가 되었고 6.25때는 소위였던 장남마저 전사하는 아픈기억을 가지고 있다. 둘째아들 전식은 기업가로 성공했지만 겉치레만 좋아하는 며느리는 전식에게 이민을 가자고 조른다. 그러나 전식은 신체검사에서 위암이라는 진단을 받고 좌절감에 시골을 찾게 된다.

## 29. 〈중원호객〉(1977년)

**감독** 홍금보, 이정호, 황풍

**출연** 왕호, 김영숙, 홍금보, 진성, 최무웅

**줄거리** 어느날 상인을 가장한 청인 도적들이 농사를 짓고 산삼을 캐면서 사는 마을에 온다. 한편 덕포라는 양민은 5백년 묵은 산삼을 캐어 나라에 바치기로 결심하는데, 이 사실을 눈치 챈 청인도적들이 덕포를 살해하고 산삼을 훔쳐 청나라로 도망한다. 덕포의 어린아들 춘명은 어머니의 승락을 받고 청나라로 건너가 그곳 한인 무예도장에서 열심히 태권도를 익혀 청인도적들을 일망타진한 다음 귀국한다.

## 30. 〈이어도〉(1977년)

**감독** 김기영

**출연** 이화시, 김정철, 박정자, 박암, 권미혜

**줄거리** 제주도 부근의 작은 섬 파랑도를 찾은 선우현(김정철)은 4년 전 일을 떠올린다. 당시 관광회사 기획부장이었던 선우현은 제주도에 '이어도'라는 관광호텔을 건설하기 위해 홍보사업의 일환으로 이어도를 찾는 배 타기 행사를 벌인다. 취재차 배에 오른 제주신문사 기자 천남석(최윤석)은 행사를 당장 중단하고 뱃머리를 돌리라고 요구하지만, 선우현은 이를 묵살한다. 그날 밤, 천남석이 배 위에서 실종되고 선우현은 경찰로부터 살인 혐의를 받는다. 무죄를 선고받고 풀려난 선우현은 여전히 그를 살인자라고 비난하는 제주신문사 편집장(박암)과 함께 천남석의 죽음의 원인을 밝히기 위해 그의 고향인 파랑도를 찾아간다.

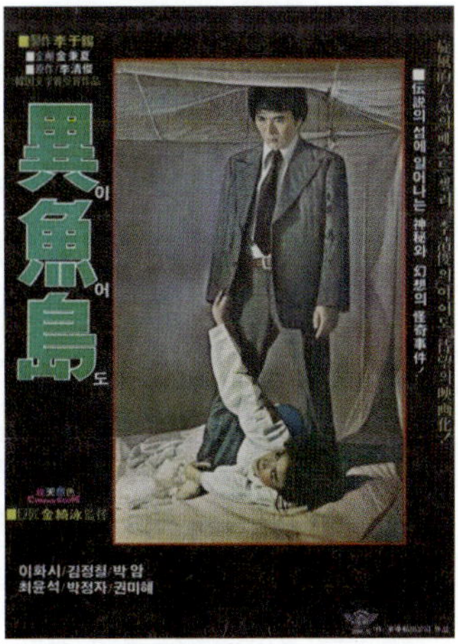


**수상정보** 국제영화예술상(20회) 신인여우상(이화시)

## 31. 〈흙〉(1978년)

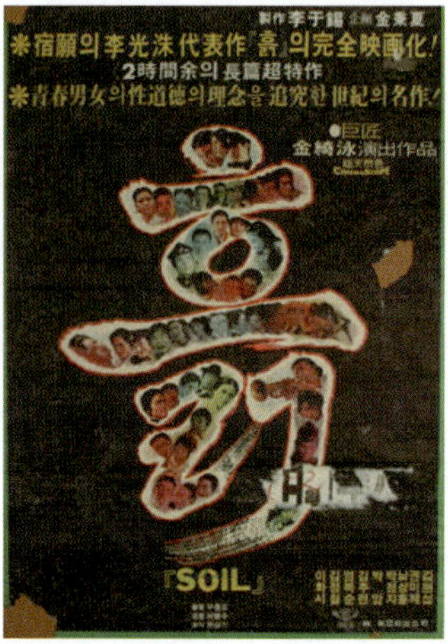


**감독** 김기영

**출연** 이화시, 김정철, 염복순, 남성훈, 박정자

**줄거리** 변호사 허승은 농민들의 사건을 다루다가 농촌 계몽사업이 민족을 영구히 보존할 수 있는 유일한 길이라고 생각하여 신념을 갖고 농촌에 몸을 던진다. 그러나 일제 식민지 정책에 도전하는 입장에 처하여 아내인 윤정선에게까지 버림을 받기에 이른다. 일본인 검사 마사끼 히로시는 허승의 농촌 계몽운동이 일제에 대한 항거임을 간파하고 그를 사상범으로 투옥시킨다. 5년형을 치르고 허승이 다시 농촌을 찾았을 때 남편의 사업을 계속하면서 그를 기다리고 있는 아내 윤정선을 만나게 된다.

**수상정보** 국제영화예술상(20회) 최우수작품상, 신인남우상(김정철)

## 32. 〈웃음소리〉(1978년)

**감독** 김수용

**출연** 남정임, 이영하, 김만, 도금봉, 한은진

**줄거리** 진정한 사랑을 얻지 못한 호스테스 오학자는 겉으로는 남성을 불신 하지만 절실한 애정에 목말라 한다. 그녀는 지석우라는 청년에게서 진실을 얻고자 하나 정작 배신을 당한다. 재회를 약속한 석우가 외국에서 돌아오지 않자 절망한 오학자는 석우와의 추억이 서린 장소에서 죽기를 결심한다. 죽음으로 자신의 사랑을 승리로 이끌려던 것이다. 그러나 추억의 장소에는 한쌍의 연인이 죽어 있었다. 서울로 돌아온 그녀는 산속을 배회하다가 만났던 청년과 새로운 관계를 맺고 이 가식의 세계가 또하나의 오학자의 과오로 여겨지기 시작된다.

**수상정보** 제2회 황금촬영상영화제(구 황금촬영상 시상식)(1978) 은상(정운교)

## 33. 〈관세음보살〉(1978년)

**감독** 최인현

**출연** 김정하, 유영국, 황해, 박암, 노강

**줄거리** 종합병원 간호사 정아는 내과과장 장박사의 죽음에 인생무상을 느껴 속세를 떠나 불문에 입적할 결심으로 전국의 사찰을 떠돌다가 청봉 스님을 만난다. 청봉은 정아의 마음을 돌리려하나 정아의 결심은 더욱 굳어진다. 감동한 청봉은 관세음보살의 전신 친견이 얼마나 어려운 것인가를 설법하면서 신라시대의 명승 회정대사의 고행을 소개한다. 정아는 더욱 더 감동하여 비구니의 길을 결심, 득도식에 참석한다. 불교의식 중에서 가장 규모가 큰 득도식과 재를 올리며 마침내 청순한 비구니가 탄생한다. 비구니는 관세음보살의 전신친견을 위하여 기도할 곳을 찾아 홀연히 떠나간다.

**수상정보** 제24회 아시아·태평양영화제(1978) 음악상(황문평)

## 34. 〈특명 8호〉(1978년)

**감독** 최영철

**출연** 최성, 김향미, 이대엽, 박암, 최봉

**줄거리** 전투의 막바지를 향하던 영흥만 전선에서 북괴 OO부대의 총지휘자인 안전부장은 최후로 특명8호라는 작전을 수행하기 위해 홍밀려와 강창수 두 괴뢰군 상위를 귀순시킨다. 그들을 발견한 황준위의 보고를 받은 아군 특전대의 지구대장과 공작대장 홍중흥은 그들의 행동을 미심쩍어 한다. 북괴의 안전부장은 광복군이었던 홍밀려와 강창수의 부친을 죽인 것이 지구대장과 공작대장이라고 속여 이들을 위장 귀순시켰으나 결국 두 사람은 정작 자신들의 부친을 죽인 일제의 앞잡이는 안전부장이라는 사실을 알게 된다.

## 35. 〈당신만을 사랑해〉(1978년)

**감독** 문여송

**출연** 혜은이, 윤일봉, 김현, 백일섭, 도금봉

**줄거리** 승혜는 가수의 꿈을 품고 서울에와 밴드마스터 이선생을 알게 된다. 이선생은 작곡가 선우강에게 소개장을 써주는데 선우강은 불치병을 앓고 있어 가요계에서 은퇴하려는 무렵이었다. 승혜는 선우강에게 도움을 청하고 선우강도 승혜의 고운 목소리에 매력을 느껴 정상급 가수로 성장시킨다. 동시에 둘 사이에는 사랑의 꽃이 피어나지만 과로로 인해 죽음을 재촉하게 된 선우강은 승혜의 리사이틀이 열리는 동안 병실에서 눈을 감는다.

## 36. 〈소림천하〉(1978년)

**감독** 김종성, 황풍

**출연** 왕호, 주강, 황가달, 금강, 모영

**줄거리** 신라 문무왕은 왜구와 북쪽 오랑캐를 불력을 빌어 극복하려는 뜻에서 호국선사 함흥사를 창건한다. 본당 대웅전에 안치한 관음보살상의 정수에 박힌 보석은 천하의 보물로 알려진다. 그후 고려말기에 이르러 왜구들이 그 보석을 훔쳐 원나라에 보내자 함흥사 주지 혜초는 제자 금란을 원에 밀파하여 극락 지성을 찾아오게 한다. 이에 장락원 장주 윤정, 원나라를 부흥하려는 모임인 천지회의 단심, 소림사 계율장 당주 당호구, 고려 유민들과 합세한 박금란 등의 4파전이 벌어지는데 마침내 금란이 극락지성을 찾아 고려로 돌아온다.

## 37. 〈12인의 하숙생〉(1978년)

**감독** 석래명

**출연** 유장현, 오혜진, 김순철, 박원숙, 이영하

**줄거리** 남궁여사가 경영하는 하숙집에는 각양각색의 하숙생 12명이 함께 살고 있다. 운전수 강태주는 주인의 딸 혜진을 사랑하나 혜진은 불응하고 고시공부하는 대학생 김인태는 간호원 백수연을 사모한다. 이 집에서 쓸쓸한 허일만은 처와 자식을 찾기 위해 서울로 왔다. 진수와 미야는 부모의 반대를 피해 사랑의 도피를 하던 중이다. 결국 12인의 하숙생이 힘을 다해 두 젊은이가 결혼식을 올리게 되는 날 진수의 어머니가 자신의 처임을 알게 된 허일만은 진수와 미야의 결혼을 진심으로 축하한다.

## 38. 〈오대관문〉(1978년)

**감독** 김정용, 진소봉

**출연** 왕호, 김기주, 윤인하, 한명환, 문종금

**줄거리** 고려에서 중원으로 온 남패천은 우연한 기회에 마천산이 사용하는 수리검을 훔쳐 달아나다가 추적을 받게 된 구구화란 사나이를 구해 준다. 구구화는 남패천의 부하가 되는데 수리검을 본 남패천은 아내의 원수가 마천산임을 알게 된다. 남패천이 곡강과 싸우다 독공을 당하여 쓰러진 것을 옥매가 발견하여 생명을 구해준다. 남패천과 마천산은 오행관문을 통과하여 결투를 벌이고 남패천이 승리하여 옥매와 함께 행복을 찾기 위하여 고국을 향한다.

## 39. 〈을화〉(1979년)

**감독** 변장호

**출연** 김지미, 정애란, 백일섭, 이순재, 이대엽

**줄거리** 아들 영술과 살던 을화는 신내림을 받아 무당이 되고, 성방돌과 결혼해 딸 월희를 낳는다. 신통력이 유명해지자 선배 무당 빡지와 갈등이 생기고, 결국 빡지는 마을을 떠난다. 이후 스님이 영술을 데려가고 남편도 떠나며, 을화는 혼자가 된다. 세월이 흐른 후 기독교 신자가 된 영술이 돌아오고, 모자는 신앙의 갈등으로 충돌한다. 환영 속에서 을화가 아들을 찌르는 비극이 벌어지고, 결국 불을 지른 빡지를 막으려던 영술은 을화와 함께 목숨을 잃는다.

**수상정보** 제18회 대종상 영화제(1979) 여우조연상(정애란)

## 40. 〈사랑의 조건〉(1979년)

**감독** 김수용

**출연** 송재호, 윤정희, 신성일, 유지인, 염복순

**줄거리** 흥신소 직원 민우는 실종된 오미경을 찾기 위해 남편 최성두의 의뢰를 받는다. 수사를 통해 민우는 자신과 닮은 사랑과 상처의 이야기를 마주한다. 미경은 과거의 사랑을 고백한 뒤 남편에게 학대받고, 아이를 가질 수 없는 몸이 된다. 최성두는 다른 여자의 아이까지 미경에게 떠맡긴다. 민우는 미경이 지방병원에서 수술 후 자살했음을 밝혀내고, 그 사실을 숨기려 했던 최성두의 의뢰였음을 알게 된다. 진실을 마주한 민우는 집에 돌아오지만, 애인 수연마저 떠났다는 사실에 마주하게 된다.

**수상정보** 제15회 백상예술대상 (구 한국연극영화TV예술상)(1979) 영화부문 감독상(김수용)
제25회 아시아·태평양영화제(1979) 현대극 배우상(신성일)

## 41. 〈가을비 우산속에〉(1979년)

**감독** 석래명

**출연** 정윤희, 김자옥, 신성일, 문정숙, 문미봉

**줄거리** 동원은 화가로 생활의 좌절과 자기 불만에 빠져 죽음을 동경하던 때에 설악산 작품여행에서 만족을 얻지 못하자 자살을 기도한다. 하지만 산장주인의 딸 선희와 숙명적인 만남으로 자살에는 실패하고 그녀를 통해 작품의 영감을 얻게 되어 짧지만 환희에 찬 사랑을 맛본다. 그러나 선희 엄마의 방해로 이별을 하고 서울로 돌아와 정은과 결혼한다. 6년뒤 동원은 포크레인 운전수가 되어 생활인이 되지만 좌절에서 벗어나지 못한다. 어느날 설악산에 간 동원은 선희와 자신의 아들을 만나고, 모든 것을 안 정은은 국전 출품을 권한다. 그러나 동원은 국전에서 탈락한 후 현실을 저주하며 포크레인을 몰다가 죽는다. 선희와 정은은 서로를 위하며 함께 살기로 한다.

## 42. 〈죽음보다 깊은 잠〉(1979년)

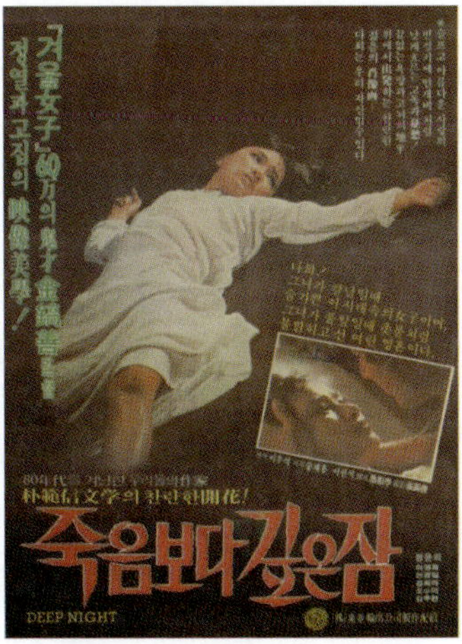


**감독** 김호선

**출연** 정윤희, 이영욱, 신광일, 박병호, 김용림

**줄거리** 돼지족발집을 하는 어머니와 술주정뱅이 아버지 그리고 야간학교에 다니는 여동생과 소아마비인 동생 수민과 생활하는 다희는 화려한 세계에 대한 동경과 선망으로 가출한다. 가출한 후 그녀는 가난한 음악도 영훈과 소꿉장난 같이 아기자기하고 진실한 사랑의 생활을 하지만 다른 남자(경민)의 호화로운 아파트로 옮겨간다. 그러나 경민도 그녀의 구원이 되지 못하고 파멸하고 만다. 그의 죽음앞에서 그녀는 경민의 아이를 가졌음을 알게 된다. 또한 돌아갈 수도 더 나아갈 수도 없는 길 앞에 있음도 깨닫게 된다.

## 43. 〈그 여자 사람잡네〉(1980년)

**감독** 이형표

**출연** 신성일, 유지인, 장미희, 김자옥, 이대근

**줄거리** 현우의 출장 도중 아내 정인이 가스취급 부주의로 죽고, 1년이 지나고나서 현우는 탤런트 시험에 낙방한 미혜와 만나 동거를 한다. 미혜는 현우의 도움으로 가수가 되고 현우는 미혜의 매니저가 되어 봉사한다. 출세가도에 올라선 미혜는 현우의 재산을 탕진, 불화가 생기고 미혜는 부잣집 아들을 따라 현우를 떠난다. 실의에 빠진 현우는 해변가를 소요하다 진숙을 만나는데 그녀의 셋방에 살면서 사업의 기반을 잡는다. 현우와 진숙의 사랑을 시험하는 진숙의 오빠와 부딪히게 되나 어려운 시험에도 사랑의 일념으로 극복해 나간다.

**수상정보** 제18회 대종상 영화제(1979) 여우조연상(정애란)

## 44. 〈사망탑〉(1980년)

**감독** 오사원, 강범구

**출연** 당룡, 황정리, 원화평, 진요림, 원진위

**줄거리** 김태중은 태권도 대회에 가던 길에 동경의 진길용을 찾지만, 진길용은 의문의 죽음을 당한다. 장례식에서 갑자기 헬기에 의해 관이 도난당하고 결의 형제인 진만호가 살해된다. 김태중은 길용의 하인 하서방으로부터 길용이 사망하기 전에 시실리 섬에서 촬영한 16밀리 필름을 손에 넣으나 두 괴한으로부터 추격을 당한다. 김태중은 시실리 섬의 성주 구이에를 만나 조사를 한다. 구이에도 하인 몽로에게 살해당하며, 김태중은 탈출하고, 국제경찰관 한영준, 최백호와 함께 사건의 실마리를 찾아 한국고찰에 숨어 있는 길용을 찾는다. 길용은 국제 보스로 변사극을 짜고 은신중이었고 태중은 악당들을 해치운다.

## 45. 〈아낌없이 바쳤는데〉(1980년)

**감독** 박호태

**출연** 유지인, 신영일, 심수봉, 오미연, 김해인

**줄거리** 연하는 7년 만에 귀국한다. 그녀는 자신의 전부를 아낌없이 바쳤던 진우에게 배신당한 과거를 갖고 있다. 연하는 복수를 위해 진우의 라이벌 회사인 해진무역에 중역으로 입사하여 일성무역을 도산하게 한다. 연하는 복수에 대한 기쁨보다 괴로움에 시달리다 진우의 재기를 위해 거액의 자금을 그에게 준다. 결국 진우는 연하의 진실에 무릎을 꿇고 다시 미국으로 떠나는 연하를 전송한다.

## 46. 〈바람불어 좋은날〉(1980년)

**감독** 이장호

**출연** 이영호, 안성기, 김성찬, 임예진, 김보연

**줄거리** 시골에서 상경한 덕배(안성기), 춘식(이영호), 길남(김성찬)은 서울의 변두리 개발 지역에서 중국집, 이발소, 여관에서 일을 하며 서로를 위로하면서 생활한다. 개발로 이 지역의 토착민들도 농사지을 땅을 잃고 떠날 수밖에 없다. 한편 길남은 미용사 진옥을, 춘식은 면도사 미스 유(김보연)를 좋아한다. 순박한 덕배는 시골에서 올라온 밝고 씩씩한 춘순(임예진)과 괴팍하지만 매혹적인 상류사회의 명희(유지인)를 사이에 두고 고민도 한다. 그러나 덕배는 자신을 좋아한다고 생각했던 명희가 자신을 가지고 놀았다는 사실을 알게 되고, 진옥은 길남에게 빌린 돈을 갚지 않고 달아나버린다. 춘식은 결국 김 회장을 칼로 찌르고 감옥에 간다. 길남은 군대에 입대하고, 덕배는 권투로 세상을 이겨보겠다고 결심한다.

**수상정보** 제19회 대종상 영화제(1980) 감독상(이장호), 편집상(김희수), 신인상(남)(안성기)
제17회 백상예술대상(구 한국연극영화TV예술상)(1981) 영화부문 대상(동아수출공사),
영화부문 작품상(동아수출공사), 영화부문 신인연기상(김성찬)

## 47. 〈매일 죽는 남자〉(1980년)

**감독** 이원세

**출연** 신성일, 신영일, 유지인, 김추련, 박근형

**줄거리** 서울의 강변도로에서 강유진의 변사체가 발견되고, 장동수 형사주임의 집요한 추적이 시작된다. 장유진은 영화계 엑스트라로서 온갖 고난의 여정을 겪고 사랑하던 여자로부터 배신당한 후 일본으로 간다. 유진은 소박한 꿈을 안고 귀국했으나 주위의 여성들이 그를 내버려 두지 않았으며 정성민이라는 사기꾼의 협박에 의해 본의 아니게 돈 많은 재일교포로 행세한다. 유진은 타인에 의해 조종되는 삶에 회의를 느꼈고 마침내 정신적 지주인 스승마저 금력의 앞에 무릎을 꿇자 삶에 대한 애착을 버린다. 게다가 그리던 여자를 다시 만났는데 그녀도 물질의 노예가 되어 있음을 알고 죽음을 결심하기에 이른다.

**수상정보** 제17회 백상예술대상 (구 한국연극영화TV예술상)(1981) 영화부문 연기상(신영일)

## 48. 〈반금련〉(1981년)

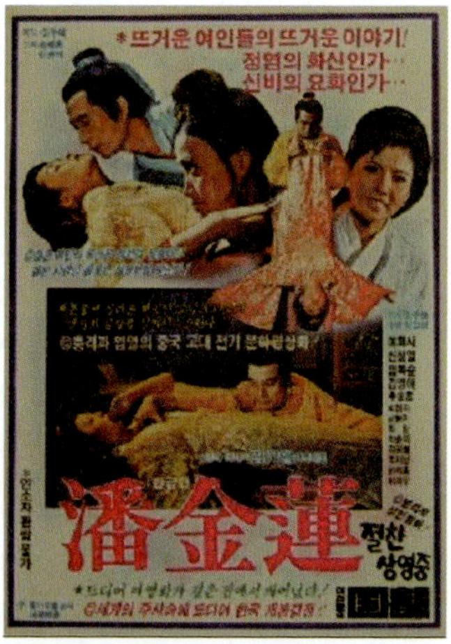


**감독** 김기영

**출연** 이화시, 신성일, 박춘덕, 박정자, 남능미

**줄거리** 일부다처제의 중국에서 호상 서문경은 소금 전매업을 얻는다. 현감은 서문경을 이용하여 화자허와 황무대의 집안을 무너뜨린다. 화자 허의 아내 병아가 거짓으로 죽어 남편과 숨자 분노를 참지 못하던 서문경은 황무대의 부인 반금련을 보고 만족하고 황무대는 이에 목숨을 끊는다. 문경의 부인이 된 금련은 소실인 춘애와 교아의 눈을 잃게 하고 병아를 서문경에게 데려간다. 병아가 서문경의 사랑으로 아기를 낳자 반목과 질시가 시작된다. 금련의 시기로 병아의 일족이 유황으로 죽고, 과다한 투약으로 서문경이 죽자 금련은 서문경과의 사랑을 하나로 하려고 죽음을 택한다.

## 49. 〈아가씨 참으세요〉(1981년)

**감독** 이형표

**출연** 정윤희, 당룡, 서영란, 권영문, 이강조

**줄거리** 대만 조선업계의 재벌 진회장의 딸 진리화는 한국유학중에 진회장의 부사장인 평사원이 진회장을 암암리에 죽이고 유일한 재산상속인인 진리화를 납치하여 재산일체를 포기한다는 법적서류를 만들기 위해 홍콩에서 유명한 국제 폭력조직단인 쌍룡회두목 마천수를 시켜 리화를 납치하기에 이른다. 정체를 알 수 없는 김민욱과 리화를 구출하기 위해 부산호텔에 잠입한 성희와 민욱은 실패하고 마천수의 계략에 욕실에 갇혀 죽음을 기다리고 있을때 김달수의 정부인 애리의 도움으로 구출된다. 평사원에게 끌려간 리화는 재산을 포기한다는 서류에 서명할 것을 고문을 앞세워 협박당하고 있을때 민욱이 들이닥친다. 모든 일당은 경찰에 의해 체포되고 민욱은 한국에서 파견한 인터폴이었음을 알게 된다.

## 50. 〈세번은 짧게 세번은 길게〉(1981년)

**감독** 김호선

**출연** 송재호, 장미희, 최불암, 정영숙, 김인문

**줄거리** 효과맨 김종실은 아랍계열의 콜라회사인 아라콜라의 광고영화에 독특한 병마개 따는 소리를 개발하여 아라콜라 한국지사로부터 백지수표를 받는다. 축하술에 취한 종실은 혼자사는 창녀의 아파트로 잘못들어가나 아파트문이 고장나서 하룻밤을 창녀와 보낸다. 한편 종실의 아내는 남편이 행방 불명되자 경찰에 신고하고 수사는 백지수표와 함께 의문과 억측의 꼬리를 물고 전국적으로 확산되고 매스컴과 경찰의 추적을 받는다. 사건이 확산되어 가는 모습에 나오지도 못하고 급기야 자신이 죽었다는 뉴스를 듣게 된 종실은 굳게 마음먹고 자신의 장례식이 거행되고 있는 교회를 찾는다.

**수상정보** 제2회 한국영화평론가협회상(영평상)(1981) 작품상, 감독상(김호선)

## 51. 〈만추〉(1981년)

**감독** 김수용

**출연** 김혜자, 정동환, 여운계, 이대로

**줄거리** 살인죄로 복역 중이던 모범수 혜림은 형기를 2년 남기고 특별휴가를 받아 어머님 산소에 가려고 강릉행 열차를 타는데, 그곳에서 범죄조직에 휘말려 쫓기던 청년 민기를 만난다. 혜림은 2년전 오늘 호숫가 공원에서 다시 만날 것을 약속하고 출옥하여 눈을 맞으며 민기를 기다리나 민기는 경찰에 체포되어 형무소에 갇혀있고, 기다림에 지쳐 상처받은 혜림은 어디론가 간다.

**수상정보** 제21회 대종상영화제 각본상(김지헌), 촬영상(정일성), 제2회 마닐라국제 영화제 여우주연상(김혜자)

## 52. 〈애인〉(1982년)

**감독** 박호태

**출연** 장미희, 신일룡, 하재영, 방희, 이승재

**줄거리** 영심은 첫사랑 지운과의 이별 후 민호와 결혼하지만, 지운의 아이를 임신한 채였다. 결혼 후 세 자녀를 낳고 가정을 꾸리지만, 민호는 외도로 점점 집을 비우게 된다. 그러던 중 영심은 TV에서 소설가가 된 지운을 보게 되고, 다시 감정이 흔들린다. 두 사람은 옛 추억의 장소에서 재회하지만, 민호는 창식이 자신의 아들이 아님을 고백하고 정아를 데리고 떠난다. 결국 지운은 영심과 아이를 뒤로한 채 떠나고, 민호는 정아와 함께 돌아오며 영심과 재결합한다.

## 53. 〈복마전〉(1982년)

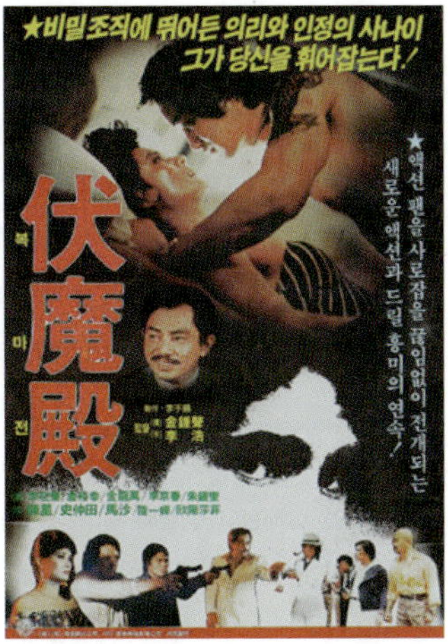


**감독** 김종성, 이호

**출연** 이재영, 김유행, 이경춘, 김용만, 주은섭

**줄거리** 홍콩 구룡 잇산가에 위치한 나이트클럽 영춘각에 때아닌 화재사건이 일어난다. 사건을 해결하기 위해 한국에서 급파된 진경위는 사건을 포기하라는 협박전화를 받고, 그 때 여동생 란과 어머니가 살해된다. 한편 바 가수이자 진경위의 동생인 첨용은 암흑가의 부하인 마와 사랑에 빠지지만, 그 사실은 안 보직의 빅보스 화크는 마와 삼 또한 살해한다. 탐은 같은 조직원 마와 삼의 죽음을 원망하며 화크와 결전을 벌이고, 이를 틈타 진경위와 수사관들은 끈질한 추적끝에 영춘각 화재사건의 진범인 화크 일당을 일망 타진한다.

## 54. 〈생사결〉(1982년)

**감독** 이형표, 정소동

**출연** 서소강, 장천애, 김수천, 유송인, 왕호

**줄거리** 기림사에 어느날 왜국의 인자들이 침입해 고려의 저명인사들의 이름이 적힌 명부를 복사하려다가 감검성에게 참패를 당한다. 왜국과 고려의 무사가 10년에 한번씩 시합을 갖는 관례가 기림사와 김후연이 관장하는 성검장에서 있었다. 이 시합에 미야모도가 왜국에서 오고 고려에서는 강검성이 나간다. 김후련은 성검장을 빛내기 위해 양녀 화심을 내보내기 위해 왜국의 밀사와 야합해 강검성을 없애려 한다. 그러나 음모가 강검성에서 발각된다. 양녀 화심은 강검성을 구출하려다 양부에게 죽는다. 미야모도와 강검성은 무인으로서 투합해 왜국의 밀사를 처치하고 납치되려던 고려의 명사들을 구출한다.

## 55. 〈금지된 사랑〉(1982년)

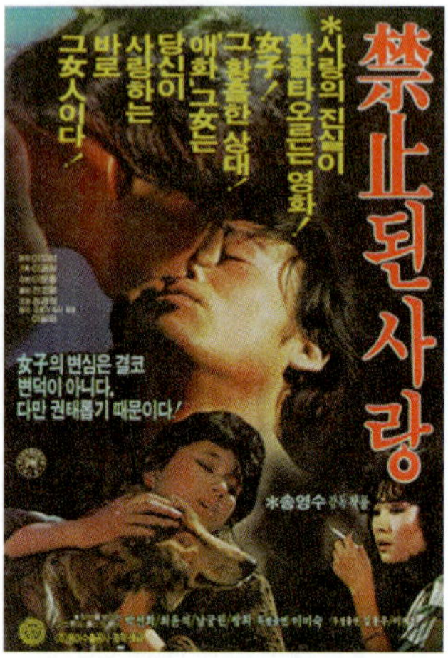


**감독** 송영수

**출연** 박선희, 최윤석, 남궁원, 방희, 이미숙

**줄거리** 돈많은 늙은 백사겸은 젊은 미모의 애화와 애정없는 부부생활을 하다가 아내가 자신의 죽음만을 기다린다는 것을 알고 위자료도 없이 이혼하기 위해 영후라는 젊은이를 운전사로 기용하여 산장에 온다. 애화는 영후에게 사랑을 느끼나 남편의 함정임을 알고, 미리 선수를 쳐서 남편을 사냥터로 유인, 살해한다. 영후와 함께 애정의 도피를 하려는 순간 애화는 백사겸이 파놓은 함정에 의해 차가 폭파하여 죽게 된다.

## 56. 〈귀타귀(속)〉(1982년)

**감독** 김정용, 신위균, 우마

**출연** 홍금보, 허양미, 이월령, 임근보, 우마

**줄거리** 장의사에서 일하는 주석두는 주인 이숙공과 함께 부호였다가 마인상의 대에 와서 가세가 기운 마씨집으로 장례를 치루러 간다. 고향을 떠난 마인상은 주검으로 돌아오고 처를 자처하는 여인은 만삭이다. 이숙공과 총장은 이씨의 임신을 기뻐하나 주석두는 마인상이 고자임을 상기하고 의심한다. 종이사람으로 가장하여 영안실에 숨어든 주석두는 마인상이 조상들의 부장품을 꺼내려고 죽은척 한 것임을 안다. 짜고온 문상객들은 마인상 자식에게 거대한 유산이 남겨져 있음을 알고 마인상을 살해한다. 원귀 마인상이 주석두에 떨어져 주석두가 죽자 약혼녀는 주술로 부활시킨다.

## 57. 〈풀잎처럼 눕다〉(1983년)

**감독** 이경태

**출연** 안성기, 진유영, 박선희, 김기주, 진봉진

**줄거리** 삶에 실패했다고 생각하는 지적인 부랑아 문도엽은 고향집에서 약간의 자금을 빼내어 자신을 따르는 정동호와 서울로 도망친다. 그들은 도엽의 이복형에게 쫓기며 폭설이 내리는 산맥을 끼고 도망치던 중 따뜻한 사랑으로 충만된 여자 유은지를 만나게 되고 이후 세사람은 운명적 동행자가 된다. 동호는 서울에 닿기 전, 도엽과 은지를 배신한 채 도망치고 그들은 각기 방황과 비탄 속에서 살아간다. 도엽은 때묻지 않은 여자 은지를 다시 만나 사랑을 나누게 되고, 동호는 칼질하듯 세상을 살아간다. 그러나 은지로 말미암아 그들 셋은 다시 모여 도시에 풀을 심고 꽃을 피우는 삶을 찾기 위해 부단히 노력한다. 그러나 그들은 다시 죄를 짓고 도시를 탈출해야만 하는 운명에 놓인다.

## 58. 〈얼굴이 아니고 마음입니다〉(1983년)

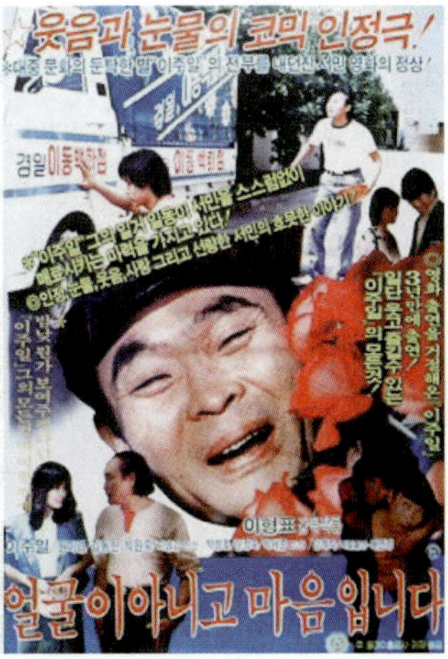


**감독** 이형표

**출연** 이주일, 원미경, 김동현, 지영경, 박원숙

**줄거리** 선량한 성격의 주경일은 누이동생 경아와 조수를 데리고 살며 일용품을 파는 이동백화점의 사장이다. 장사를 하다가 경쟁자들과의 싸움으로 병원에 입원하게 되는데 그곳에서 청순한 간호원 숙희를 짝사랑하게 된다. 숙희를 만나기 위해 기상천외한 기교와 수법을 쓰나 통하지 않자 위계를 써서 다시 병원에 입원하고 그곳에서 병실과 환자를 수라장으로 만들어 강제퇴원한다. 경일의 동생 경아가 사귀던 민호가 사장의 아들임이 밝혀지고 두사람이 결혼하는날 경일은 숙희의 결혼을 알게 되고 결혼선물과 축하편지를 띄운다.

## 59. 〈적도의 꽃〉(1983년)

**감독** 배창호

**출연** 안성기, 장미희, 신일용, 나영희, 남궁원

**줄거리** 아파트에 혼자사는 나는 맞은편 아파트의 선영을 발견하는데 선영은 내가 그토록 간절히 바라던 아름다운 여인이다. 나는 미스터 M이란 존재로 선영에게 접근을 꾀한다. 나는 선영이 중년남자의 도구로 이용되고 있음을 알고 분노하여 그녀를 구출하기로 결심한다. 나는 치밀하고도 대담한 복수계획을 세워 사나이 한사람 한사람을 파멸시킨다. 그러나 선영은 잠시 고맙게 여길 뿐 곧 나를 배신한다. 선영은 따뜻한 사랑을 찾지 못하고 가스자살로 끝을 맺는다.

## 60. 〈추적〉(1983년)

**감독** 남기남

**출연** 민복기, 김동현, 김영일, 장선, 박동룡

**줄거리** 대공분실에선 홍콩을 경유하여 한국에 침투한 북괴 공작원을 추적한다. 그의 임무는 최강식에게 전달된 약도를 탈취하는 것이다. 최강식은 파월용사로서 무공을 세우고 개선한 인물. 어느날 월남전에서 알게 된 동료로부터 의문의 약도 한 장이 전달되는데 그것은 월남이 패망할 때 숨겨놓은 막대한 귀금속의 소재를 기록한 약도다. 이 귀금속을 찾기 위해 베트남의 청탁으로 밀파된 공작원은 최강식에게 수단 방법을 가리지 않고, 접근, 약도 탈취를 노린다. 강식은 대공수사관과 합세, 북괴 공작원을 일망타진하고 귀금속도 찾게 된다. 이 귀금속은 월남 난민들을 돕기 위해 난민회에 보내지고, 불쌍한 난민들은 다시 한번 한국을 기억하게 된다.

## 61. 〈이방인〉(1984년)

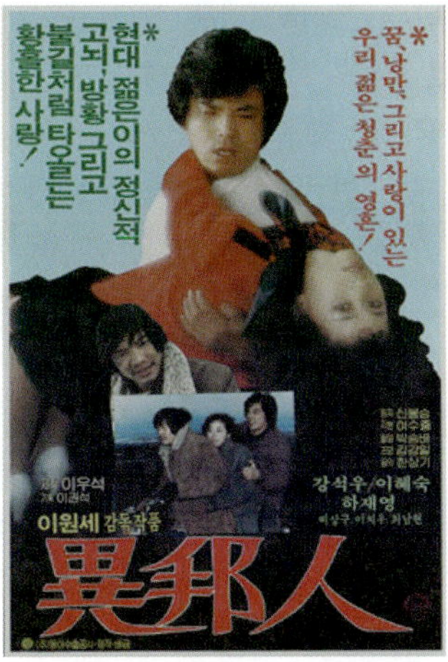


**감독** 이원세

**출연** 강석우, 이혜숙, 하재영, 비상구, 이치우

**줄거리** 신흥재벌 강사장의 딸 애리는 졸업을 앞두고 정략결혼을 강요받는다. 이에 복수를 다짐한 재구와 상구는 결혼식 날 애리를 납치하고 강사장을 괴롭히기 위한 여행을 시작한다. 애리는 점차 재구에게 친밀감을 느끼고, 제주도에 도착한 후 황무지를 일구는 성길과 새로운 감정을 나눈다. 그러나 재구는 애리와 성길의 관계를 목격하고 격투 끝에 성길은 추락사한다. 재구는 성길의 이상을 가슴에 품고 새로운 길을 결심하며, 진정한 젊음과 사랑의 의미를 되새긴다.

## 62. 〈구사일생〉(1984년)

**감독** 신위균, 오우삼

**출연** 하요심, 이해숙, 박일권, 장일식, 임근보

**줄거리** 마약거래 조직 흑사단은 라오스 공산집단을 배후로 활동하며 인터폴의 추적을 벗어난다. 한편 그곳에는 월남전에 참전했다가 실종되어 전사로 처리된 진.호.걸의 조직이 있었는데 진의 소원은 현업을 청 산하고 미국으로 이주하여 아들의 장래를 위해 사는 것이다. 인터폴은 진에게 흑사단 두목을 생포하여 오면 미국국적 취득을 돕겠다고 약속한다. 이에 진은 부하들과 함께 희생을 무릅쓰고 싸워 목적을 이룬다.

## 63. 〈추억의 빛〉(1984년)

**감독** 정지영

**출연** 김만, 이보희, 조재홍

**줄거리** 요한은 미래를, 현우는 과거를 통해 인간의 비극을 극복하려는 젊은이들이다. 이들 사이에 사랑의 상징인 소연이 등장하며 삼각 관계가 형성된다. 한라산에서 요한이 실종된 후, 소연과 현우는 요한의 아이 다린을 키우며 가정을 이루지만, 4년 뒤 요한이 살아있다는 소문을 듣고 제주도로 떠난다. 그들은 요한의 흔적을 쫓으며 무인도로 향하고, 세 사람의 꿈과 사랑은 환상과 현실 사이에서 마침표를 찍는다.

**수상정보** 제9회 황금촬영상영화제(구 황금촬영상 시상식)(1985) 촬영상 – 금상 (유영길), 특별상(감독상)(정지영), 특별상(조명상)(마용천), 특별상(준회원)(곽점석)

## 64. 〈화녀촌〉(1985년)

**감독** 김기

**출연** 이영하, 이상숙, 나기수, 최현미, 김지영

**줄거리** 지리산에서 화전민으로 살아가는 친구 종섭과 덕구는 함께 약초를 캐며 생계를 이어간다. 덕구가 허리를 다쳐 눕게 되자, 종섭은 산삼을 일부 팔아 그의 치료를 돕는다. 그러나 덕구의 아내가 산속에서 방황하다 쓰러진 것을 발견한 종섭은 충동적으로 그녀를 범하게 되고, 덕구가 자리를 비운 사이 그녀는 종섭의 아이를 낳는다. 도적이 습격해 오자 종섭은 처제를 구하기 위해 남은 산삼을 도적에게 내준다. 돌아온 덕구는 아내의 불륜을 알게 되고 실망한 채 산을 떠나며, 종섭은 처제 점복의 따뜻한 애정 속에서 위로를 받는다.

**수상정보** 제24회 대종상 영화제(1985) 남우조연상(나기수), 특별상(신인연기)(최현미)
제22회 백상예술대상 (구 한국연극영화TV예술상)(1986) 영화부문 연기상(이영하)

## 65. 〈깊고 푸른 밤〉(1985년)

**감독** 배창호

**출연** 안성기, 장미희, 최민희, 진유영, 에디 런던

**줄거리** 백호빈(안성기)은 미국에 온 밀입국자로, 한국에 있는 임신한 아내를 미국에 초청하기 위해 수단과 방법을 가리지 않고 돈을 벌고자 한다. 그는 샌디에고에서 사귄 미세스 한(최민희)에게 LA로 가자고 유혹한 후, 이동 중 그녀의 돈을 뺏고 그녀를 사막에 버리고 도망친다. 한편 제인(장미희)은 주한 미군과 결혼하여 미국으로 왔으나 그의 폭력과 미국 생활의 공허함에 지쳐 이혼하고, 위장결혼 계약으로 돈을 벌고 있다. 백호빈은 영주권을 얻기 위해 제인과 계약결혼을 한다. 그는 제인의 호감을 얻은 뒤 어려운 인터뷰 과정을 거쳐 마침내 영주권을 얻게 된다. 제인과 이혼을 하고 한국의 아내를 불러올 생각에 들떠 있는 백호빈과 달리, 그를 사랑하게 된 제인은 이혼을 해주려 하지 않고 백호빈에게 임신했음을 밝힌다. 설상가상으로 그가 사막에 버려두고 온 여인마저 찾아와 진퇴양난에 처한 백호빈은 제인에게 샌프란시스코로 이사하자고 말한다. 이동 중 사막의 계곡에서 자신을 죽이고자 하는 백호빈에게 제인은 임신이 거짓임을 알리고, 마음이 풀어진 백호빈은 그녀와 함께 이혼여행을 가기로 한다. 그러나 출발하려는 차에서 백호빈은 제인이 가지고 있던 한국 부인으로부터 온 음성 테이프를 통해, 그녀가 백호빈에 지쳐 아이를 지우고 새로 결혼하기로 했다는 사실을 듣는다. 백호빈은 광기에 차 차를 몰고, 제인은 백호빈을 권총으로 쏜 후 자신의 머리에 총을 갖다 댄다.

**수상정보** 제24회 대종상 영화제(1985) 우수작품상(동아수출공사), 감독상(배창호), 남우주연상(안성기), 각본상(최인호), 촬영상(정광석), 조명상(김강일), 조명상(김동호)

제21회 백상예술대상(구 한국연극영화TV예술상)(1985) 영화부문 대상(동아수출), 영화부문 작품상(동아수출), 영화부문 연기상(안성기), 영화부문 감독상(배창호)

영화부문 시나리오상(최인호)

제30회 아시아·태평양영화제(1985) 최우수 작품상(배창호), 각본상(최인호)

제5회 한국영화평론가협회상(영평상)(1985) 최우수작품상(배창호)

## 66. 〈장사의 꿈〉(1985년)

**감독** 신승수

**출연** 임성민, 금보라, 정진, 김영애, 김동수

**줄거리** 씨름 경기에서 참패한 일봉은 귀향을 포기하고 서울을 떠돌다 도색영화 배우가 되고, 그곳에서 애자를 만나 사랑에 빠진다. 배우를 그만두고 가난 속에서 애자가 유산하자 두 사람은 1년간 결별하기로 한다. 일봉은 애자를 위해 남창 일을 하며 돈을 모으지만, 점점 신체적 상실감을 느끼게 된다. 1년 후 약속 장소에 나갔지만 애자는 나타나지 않고, 그는 절망 속에 도시를 향해 울부짖는다.

**수상정보** 제22회 백상예술대상 (구 한국연극영화TV예술상)(1986) 영화부문 신인연기상(임성민), 영화부문 신인감독상(신승수)

## 67. 〈오늘만은 참으세요〉(1985년)

**감독** 신위균, 여대위

**출연** 채풍화, 원랑, 선우일란, 왕청, 김석훈

**줄거리** 화교 음악가 황민호는 친구인 태권도 사범 동철을 만나기 위해 한국에 오던 중, 신숙을 알게된다. 어느 날 숙을 찾기 위해 간이음식점에 갔다가 밀수꾼의 음모에 걸리나 교묘히 빠져 나오다 숙을 만나게 되어 그들은 사랑에 빠진다. 그러나 거짓말로 숙에게 받은 목걸이를 동철에게 자랑하던 민호 앞에 숙이 나타나 그제야 민호는 동철의 동생이 숙이었음을 알 게 되지만, 숙은 민호의 거짓 사랑에 충격을 받고 자취를 감춘다. 이를 안 민호는 동철과 함께 갖은 고생 끝에 숙을 찾고는 숙에게 영원한 동반자가 되자고 청혼을 한다.

## 68. 〈겨울나그네〉(1986년)

**감독** 곽지균

**출연** 안성기, 강석우, 이미숙, 이혜영, 김영애

**줄거리** 다혜와의 첫사랑에 빠진 민우에게 불행한 사건이 닥친다. 기지촌으로 잠적한 민우는 그곳의 윤락여성 은영에게 애정을 느끼며, 다혜는 첫사랑의 비극을 감당할 수 없어 민우의 선배 현태에게 의지한다. 이에 현태는 민우에 대한 순수와 다혜를 향한 욕망이 충돌하는 양면성에 전율한다. 한편 민우가 범죄사건에 연루되어 오랜 감옥생활을 하고 출옥했을 때 은영은 그의 아이를 키우고 있었다. 몇년 후 민우를 잊고 결혼한 현태와 다혜의 앞에 은영이 나타나 민우의 죽음을 전하고 그의 아이를 맡긴다.

**수상정보** 제25회 대종상 영화제(1986) 여우조연상(이혜영), 신인감독상(곽지균)
제6회 한국영화평론가협회상(영평상)(1986) 신인감독상(곽지균)

## 68. 〈황진이〉(1986년)

**감독** 배창호

**출연** 장미희, 안성기, 신일룡, 전무송, 김윤경

**줄거리** 황진사의 딸로 재색을 겸비한 진이는 혼례전날 그녀를 짝사랑하던 갖바치의 자살로 일방적으로 파혼을 당하고 갖바치의 죽음에 충격을 받고 일개 기녀로 변신한다. 기녀로 명성을 떨치던 진이는 벽계수를 만나 서로 사랑하게 되지만 그가 명나라 사신으로 발탁되어 그녀의 품을 떠나버리자 배신감에 사로잡혀 유랑길에 오른다. 그후 경제적으로 무능한 선비 이생과 만나 삶을 같이하지만 그가 전략 사당패들에게 진이 자신을 팔아 넘기려고 함을 알고 스스로 사당패를 따라나선다.

**수상정보** 제25회 대종상 영화제(1986) 미술상(이명수)

## 70. 〈안녕하세요 하나님〉(1987년)

**감독** 배창호

**출연** 안성기, 김보연, 전무송

**줄거리** 뇌성마비 청년 병태는 어린 시절부터 꿈꿔 온 첨성대를 보기 위해 집을 나선다. 길을 잘못 들어 우이동에 도착한 그는 방랑 시인 민우를 만나 함께 경주로 향하고, 무임승차한 기차 안에서 임신한 춘자까지 동행하게 된다. 셋은 여정 속에서 고생하지만 서로 의지하게 되고, 민우는 중도에 병태에게 춘자를 맡기며 떠난다. 병태는 산통을 겪는 춘자를 도와 아이를 낳게 하고, 둘은 결국 경주에 도착한 뒤 병태는 집으로 돌아온다.

**수상정보** 제12회 황금촬영상영화제(구 황금촬영상 시상식)(1988) 금상(유영길), 특별상(감독상)(배창호)
특별상(조명상)(김동호), 특별상(준회원)(김명수)

## 71. 〈칠수와 만수〉(1988년)

**감독** 박광수

**출연** 안성기, 박중훈, 배종옥, 장혁, 나한일

**줄거리** 미국행을 꿈꾸던 칠수는 일자리를 잃고, 연좌제로 고통받는 만수의 조수가 된다. 연애 실패와 가족 문제로 흔들리던 칠수와 마음의 안정을 못 찾는 만수는 간판 작업 후 옥상 광고탑에 올라 술을 마시며 자유를 외친다. 그들은 그 순간만큼은 세상과 단절된 해방감을 느끼지만, 시민들과 경찰은 이를 시국 시위로 오해한다. 현장엔 기자들까지 몰려들고, 사태가 커지자 만수는 절망 끝에 투신하고 칠수는 경찰에 끌려간다.

**수상정보** 제27회 대종상 영화제(1989) 녹음상(이영길), 신인감독상(박광수), 각색상(최인석)
제42회 로카르노국제영화제(1989) Youth Jury Award: Third Prize(박광수)
제25회 백상예술대상 (구 한국연극영화TV예술상)(1989) 영화부문 신인감독상(박광수)
제9회 한국영화평론가협회상(영평상)(1989) 남자연기상(박중훈), 신인감독상 (박광수)

## 72. 〈상처〉(1989년)

**감독** 곽지균

**출연** 최수지, 강석우, 박찬환, 박혜란, 박규채

**줄거리** 고아인 하영은 가정교사로 간 집의 호화로운 환경에 충격을 받는다. 기숙의 오빠 기훈이 제대하여 나타나고 기훈은 문란한 아버지와 기숙의 삐뚤어진 모습에 증오심을 갖는다. 하영은 기훈에게 마음이 끌리는데 기숙은 난폭한 성격으로 외가로 가고 하영은 그집에서 나온다. 복학하여 하영에게 나타난 기훈은 졸업과 동시에 동거를 하나 방황하던 기훈은 재벌딸과 결혼하고 하영은 딸 수진과 기훈을 기다리며 사는데 미국으로 간 기훈은 행방불명이 된다. 더이상 기다릴 희망이 없었던 하영은 끝내 죽고 하영의 묘지를 찾은 기훈은 하영의 대학친구인 재민과 함께 엄마를 찾아온 수진을 만난다.

**수상정보** 제27회 대종상 영화제(1989) 신인여우상(최수지)

## 73. 〈그들도 우리처럼〉(1991년)

**감독** 박광수

**출연** 이소은, 김홍식, 임재철, 이규성

**줄거리** 승원은 친구 두 명과 함께 소매치기를 하며 서울 거리를 떠돈다. 그러던 중 중학교 동창이자 대학생인 친구를 만나고, 그 친구는 승원의 사정을 안타까워하며 그를 선도하려 한다. 처음엔 흔들리던 승원은 결국 대학생 친구를 소매치기 일당의 함정에 끌어들이려 하지만, 친구는 이들을 믿지 않고 경찰에 신고한다. 경찰의 개입으로 모든 상황은 정리되고, 승원은 자신이 처한 현실과 선택을 되돌아보게 된다.

**수상정보** 제8회 서울독립영화제(구 금관상영화제, 한국청소년영화제, 한국독립단편영화제)(1982) 촬영상(김인수), 촬영상(김정희)

## 74. 〈천국의 계단〉(1992년)

**감독** 배창호

**출연** 이아로, 안성기, 박찬환, 정보석, 송영창

**줄거리** 성가대 지휘자 명길과 사랑에 빠진 유미는 그가 입대한 후 딸 서영을 낳지만, 명길은 월남 파병 중 실종된다. 유미는 모델과 배우로 성공하지만, 조카로 속인 딸과 조종당하는 삶에 지쳐간다. 서영의 출생을 캐는 기자의 압박에 결국 기자회견에서 모든 진실을 털어놓고, 뜻밖에도 영화는 흥행에 성공한다. 한편, 휠체어 신세가 된 명길은 영화관에서 유미의 고백을 보고 눈물을 흘린다.

**수상정보** 제30회 대종상 영화제(1992) 특별부문상(서흥익), 신인여우상(이아로)

제28회 백상예술대상(구 한국연극영화TV예술상)(1992) 영화부문 대상, (동아수출공사)

영화부문 작품상(동아수출공사), 영화부문 감독상(배창호), 영화부문 신인연기상(이아로)

제12회 한국영화평론가협회상(영평상)(1992) 신인연기상(이아로)

제16회 황금촬영상영화제(구 황금촬영상 시상식)(1992) 신인연기상(이아로)

## 75. 〈소녀경〉(1993년)

**감독** 박호태

**출연** 전혜성, 김국현, 남궁원, 이미지, 황건

**줄거리** 가난한 집 딸인 소녀는 주막으로 팔려가고, 홍대감은 젊은 후처로 인해 기력이 약해지자 주치의 도의원은 회춘을 위해 '소녀경'에 따라 회춘녀를 찾는다. 도의원은 주모와 짜고 소녀를 홍대감에게 들여보내고, 소녀와 사랑을 약속한 바우는 이를 막으려 하지만 결국 윤씨의 씨내리가 된다. 소녀와 홍대감의 교접으로 그는 회춘하고, 바우와 소녀는 홍대감의 부인을 죽이고 함께 도주하려다 들켜 두 사람 모두 홍대감에게 살해당한다.

## 76. 〈여자의 일생〉(1993년)

**감독** 박호태

**출연** 최수지, 한영수, 이미지, 신성하, 오미경

**줄거리** 꿈 많은 여대생 혜지는 친구 영미의 애인 우엽과 사랑에 빠진다. 부모의 반대를 무릅쓰고 결혼한 이 둘은 마냥 행복한 신혼 시절을 보낸다. 대학졸업, 결혼을 한꺼번에 치른 우엽이 사회 첫 출발을 내딛은 곳은 유령회사였고 그들의 농간에 빠져 사기범으로 몰려 교도소에 들어가게 된다. 생계가 막막해진 혜진은 직업전선에 뛰어든다. 교도소를 나온 우엽은 다시 사업을 궁리하다 또다시 사기를 당하고 게다가 폭행까지 하게 되자 혜지는 집까지 팔아 간신히 사건을 무마시킨다. 거듭된 실패로 성격이 변해버린 우엽 앞에 룸살롱의 마담이 된 영미가 나타나고 그녀는 애인을 빼앗은 복수를 하기 위해 우엽을 유혹, 혜지를 곤궁에 빠뜨린다.

## 77. 〈장미의 나날〉(1994년)

**감독** 곽지균

**출연** 이보희, 강수연, 이경영, 김병세, 장보규

**줄거리** 정략결혼으로 맺어진 지현과 동규의 관계는 동규의 외도로 위태롭다. 동규는 이혼을 요구하고, 지현은 이를 거부한 채 옛 애인 명호에게 하소연한다. 이후 동규는 호주에서 온 재력가 재희에게 빠져 이민과 재혼을 결심한다. 성폭행과 자살 시도 끝에 지현은 유산을 가장하며 이혼에 응하고, 모든 게 뜻대로 됐다고 믿은 동규는 출국 당일 재희와 돈 모두에게 배신당한다. 같은 시각 지현은 호주에서 명호와 결혼식을 올린다.

**수상정보** 제32회 대종상 영화제(1994) 신인남우상(김병세)
제30회 백상예술대상 (구 한국연극영화TV예술상)(1994) 영화부문 신인연기상(김병세)
제14회 한국영화평론가협회상(영평상)(1994) 신인남우상(김병세), 기술상(차정남)

## 78. 〈돼지가 우물에 빠진 날〉(1996년)

**감독** 홍상수

**출연** 김의성, 박진성, 조은숙, 이응경, 손민석

**줄거리** 뇌성마비 청년 병태는 어린 시절부터 꿈꿔 온 첨성대를 보기 위해 집을 나선다. 길을 잘못 들어 우이동에 도착한 그는 방랑 시인 민우를 만나 함께 경주로 향하고, 무임승차한 기차 안에서 임신한 춘자까지 동행하게 된다. 셋은 여정 속에서 고생하지만 서로 의지하게 되고, 민우는 중도에 병태에게 춘자를 맡기며 떠난다. 병태는 산통을 겪는 춘자를 도와 아이를 낳게 하고, 둘은 결국 경주에 도착한 뒤 병태는 집으로 돌아온다.

**수상정보** 제2회 KINO 베스트10(1997) 키노 1996년 한국영화 베스트 3, 키노독자 1996년 한국영화 베스트 1
제26회 로테르담 국제영화제(1997) 타이거상(홍상수)
제42회 아시아·태평양영화제(1997) 최고신인상(홍상수)
제17회 청룡영화상(1996) 여우조연상(조은숙), 신인감독상(홍상수)
제16회 한국영화평론가협회상(영평상)(1996) 음악상(옥길성), 신인감독상(홍상수)
제20회 황금촬영상영화제(구 황금촬영상 시상식)(1997) 신인감독상(홍상수)

## 79. 〈똑바로 살아라〉(1997년)

**감독** 이상우

**출연** 오지명, 김갑수, 박중훈, 명계남, 이정희

**줄거리** 사기꾼 장사기와 그의 조력자 마고봉은 고위 공무원들의 검은 돈과 빌딩을 노리고 사기극을 벌인다. 이들은 해커 김달세와 정보원 도준의 도움을 받아 한탕을 계획하지만, 사기 행각이 계속되자 검찰은 미모의 여경사를 투입해 장사기 검거에 나선다. 결국 장사기에게 불만을 품은 마고봉이 그를 배신하고, 장사기는 철창신세를 지게 된다.

## 80. 〈일팔일팔(1818)〉(1997년)

**감독** 장화영

**출연** 정준호, 송윤아, 김춘식, 이정훈, 신구

**줄거리** 대권예언서 격암유록 별권을 소장하고 있던 구리교주가 의문의 죽음을 당하고, 예언서의 행방이 묘연해지자 대권주자들은 은밀히 그 예언서를 찾기 시작한다. 한편 마음대로 욕할 수 있는 스트레스 풀기용 음성사서함을 경영하던 마대경과 직원 홍세인은 전화 내용이 불순하다는 이유로 대권을 노리는 한 조직에 포착된다.

## 81. 〈바이 준〉(1998년)

**감독** 최호

**출연** 유지태, 김하늘, 하랑, 한지윤, 하랑

**줄거리** 열아홉의 아픈 상처를 간직한 채 스물 한 살이 된 도기와 채영. 그들의 우상 준을 마음속에 묻어둔 채 이제 채영과 도기는 서로의 체온에 의지해 힘겨운 젊음을 지탱해 나간다. 여전히 그들의 발을 붙잡는 준의 환영을 지우지 못해 섹스와 알콜로 허전함을 채우고, 마리화나를 피우며 현실의 불안을 잊는 두 사람. 서로 사랑하지만 준의 기억으로 인해 둘의 사이는 늘 어색해진다. 채영은 마음과는 달리 도기를 받아들이지 못하고, 도기 또한 항상 대타인 것 같은 자신의 존재가 불안하다.

## 82. 〈러브〉(1999년)

**감독** 이장수

**출연** 정우성, 고소영, 박철, 이범수, 제이슨 리

**줄거리** 완주에 대한 자신감을 잃은 마라톤 선수 명수는 LA 국제대회를 앞두고 깊은 회의에 빠져 선수단을 이탈, 먼 친척 브레드의 집을 찾는다. 그곳에서 만난 입양인 제니는 한국에 대한 막연한 그리움 속에 살아가고, 명수는 그런 그녀에게 서서히 끌린다. 서로의 상처와 외로움을 이해하며 가까워지는 두 사람은 잠시의 이별 속에서 서로의 존재를 확인하게 된다. 다시 만난 두 사람은 각자의 상처를 딛고 새로운 희망을 함께 품기 시작한다.

**수상정보** 제36회 백상예술대상 (구 한국연극영화TV예술상)(2000) 영화부문 인기상(고소영)

## 83. 〈시크릿〉(2010년)

**감독** 윤재구

**출연** 차승원, 송윤아, 류승룡, 박원상, 오정세

**줄거리** 의문의 살인사건이 발생하고, 형사는 현장을 조사하던 중 남겨진 흔적들에서 익숙한 무언가를 감지한다. 사건 현장에 떨어진 물건들, 지문, 그리고 사소한 단서들이 하나둘씩 아내를 떠올리게 하고, 그는 충격에 빠진다. 처음엔 믿기 어려웠지만, 점차 모든 증거가 아내를 향하고 있음을 직감한 그는 혼란스러운 마음으로 진실을 마주하게 된다. 동료들의 의심을 피하기 위해 그는 현장에 남은 아내의 흔적들을 몰래 제거하기 시작하고, 수사가 깊어질수록 점점 더 큰 죄책감과 갈등에 휩싸인다.

**수상정보** 제18회 춘사국제영화제 (춘사영화제)(2010) 각본상(윤재구)

## 84. 〈친정엄마〉(2010년)

**감독** 유성엽

**출연** 김해숙, 박진희, 조영진, 이무생, 최영인

**줄거리** 세상에서 가장 평범한 모녀가 보내는 특별한 2박 3일을 그린 이야기. 언제나 딸을 먼저 챙기며 애정을 표현해온 엄마는 여전히 딸 지숙을 품 안의 아이로 여긴다. 그런 엄마가 부담스럽기만 했던 지숙은 어느 날 갑작스레 친정집으로 내려와 뒤늦은 효도를 시작한다. 반가움도 잠시, 예전과 다른 딸의 태도에 엄마는 알 수 없는 불안감을 느끼게 되고, 티격태격하지만 서로를 향한 깊은 사랑과 이별의 징조가 조용히 스며드는 시간을 함께 보낸다.

## 85. 〈퍼펙트 게임〉(2011년)

**감독** 박희곤

**출연** 조승우, 양동근, 최정원, 마동석, 조진웅

**줄거리** 1980년대, 지역주의와 혼란 속에서 프로야구는 국민의 유일한 위안이었고, 그 중심엔 롯데의 최동원과 해태의 선동열이 있었다. 피나는 노력으로 최고의 자리에 오른 최동원과 천재 투수로 떠오른 선동열은 세상이 만든 라이벌로서, 승부만을 강요하는 냉혹한 현실 속에서 전국민이 지켜보는 맞대결을 펼치게 된다. 고독하지만 치열했던 두 투수의 대결은 단순한 승부를 넘어, 꿈과 자존심을 건 시대의 상징이 된다.

## ● 동아수출공사 수입 영화 화제작

1. 〈공군대전략〉(1969년/영국)
감독 제리 제미슨

2. 〈007 죽느냐 사느냐〉(1974년/미국)
감독 가이 해밀턴

3. 〈사망유희〉(1978년/홍콩)
감독 로버트 클라우스

4. 〈747절대위기〉(1979년/미국)
감독 제리 제미슨

5. 〈캐논볼〉(1981년/미국)
감독 할 니드햄

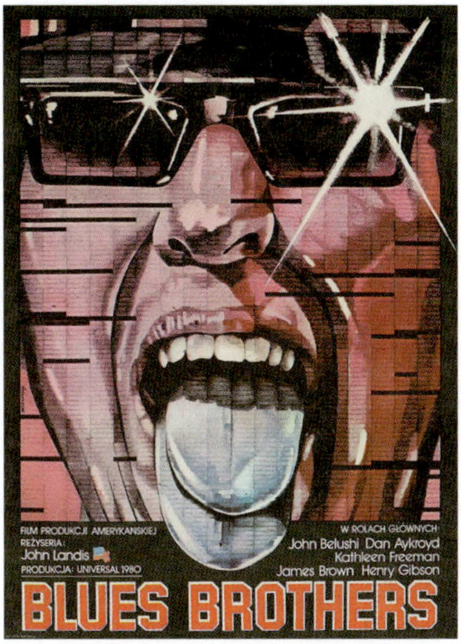


6. 〈브루스 브라더스〉(1980년/미국)
감독 존 랜디스

7. 〈해바라기〉(1982년/이탈리아)
감독 비토리오 데 시카

8. 〈촉산〉(1983년/홍콩)
감독 서극

9. 〈배틀 크리크〉(1983년/미국)
감독 로버트 클라우스

10. 〈오복성〉(1983년/홍콩)
감독 홍금보

11. 〈최후의 이소룡〉(1985년/홍콩)
감독 레오나드 호

12. 〈성룡의 프로텍터〉(1985년/홍콩)
감독 제임스 그릭켄하우스

13. 〈용적심〉(1985년/홍콩)
감독 홍금보

14. 〈레이디 호크〉(1986년/미국)
감독 리차드 도너

15. 〈록키 4〉(1987년/미국)
감독 실베스터 스탤론

16. 〈용형호제〉(1987년/홍콩)
감독 성룡

17. 〈프로젝트A 2: A계획 속집〉
(1987년/홍콩)
감독 성룡

18. 〈노틀담의 꼽추〉(1988년/미국)
감독 장 드라느와

19. 〈폴리스 스토리〉(1988년/홍콩)
감독 성룡

20. 〈전쟁과 평화〉(1988년/러시아)
감독 세르게이 본다르처크

21. 〈성룡의 미라클〉(1989년/홍콩)
감독 성룡

22. 〈폴리스 스토리 2: 구룡의 눈〉
(1989년/홍콩)
감독 성룡

23. 〈안나 카레니나〉(1989년/러시아)
감독 알렉산더 자르키

24. 〈바탈리언〉(1989년/미국)
감독 댄 오바넌

25. 〈태양의 해〉(1989년/독일)
감독 크르지조프 자누세

26. 〈조수괴초〉(1989년/홍콩)
감독 주목

27. 〈정복자 펠레〉(1989년/미국)
감독 빌 어거스트

28. 〈상하이 샹하이〉(1990년/홍콩)
감독 태적라빈

29. 〈주윤발의 행운의 별〉(1990년/홍콩)
감독 두기봉

30. 〈닌자 거북이〉(1990년/미국)
감독 스티브 바론

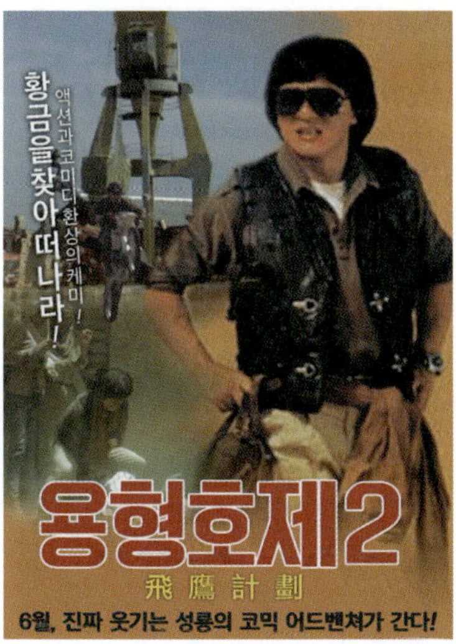


31. 〈용형호제 2〉(1991년/홍콩)
감독 성룡

32. 〈늑대와 춤을〉(1991년/미국)
감독 케빈 코스트너

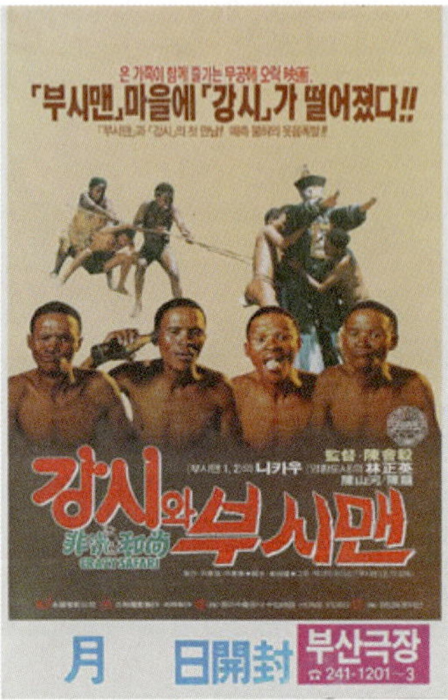


33. 〈강시와 부시맨〉(1991년/홍콩)
감독 진회의

34. 〈익스프레스〉(1991년/미국)
감독 피터 하이암스

35. 〈집시엔젤〉(1991년/이탈리아)
감독 알 페스타

36. 〈원초적 본능〉(1992년/미국)
감독 폴 버호벤

37. 〈폴리스 스토리 3〉(1992년/홍콩)
감독 당계례

38. 〈방세옥〉(1993년/홍콩)
감독 원규

39. 〈방세옥 2 – 대도무문〉(1993년/홍콩)
감독 원규

40. 〈흐르는 강물처럼〉(1993년/미국)
감독 로버트 레드포드

**41.** 〈클리프 행어〉(1993년/미국)
감독　레니 할린

**42.** 〈리쎌 캅〉(1993년/미국)
감독　존 헤스

**43.** 〈취권 2〉(1994년/홍콩)
감독　유가량

**44.** 〈툼스톤〉(1994년/미국)
감독　조지 P. 코스마토스

45. 〈도신 2〉(1994년/홍콩)
감독 왕정

46. 〈시티 보이즈〉(1994년/홍콩)
감독 유국창

47. 〈성룡의 썬더볼트〉(1995년/홍콩)
감독 진가상

48. 〈다이하드 3〉(1995년/미국)
감독 존 맥티어난

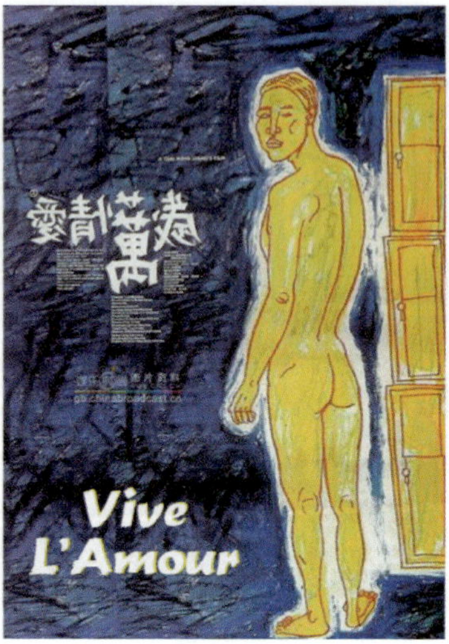


49. 〈애정만세〉(1995년/대만)
감독 차이밍량

50. 〈쿵후 선생〉(1995년/대만)
감독 이안

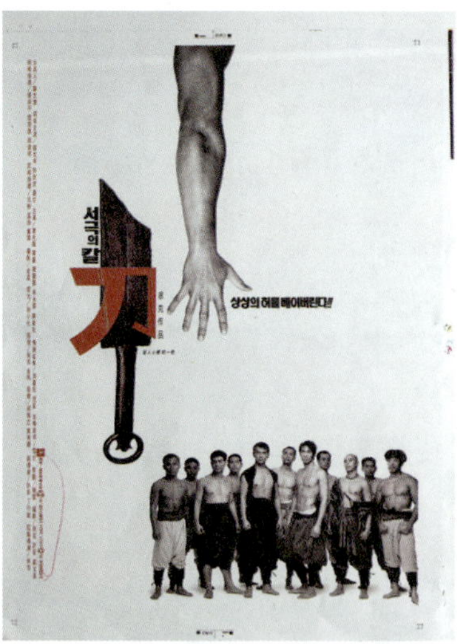


51. 〈서극의 칼〉(1995년/홍콩)
감독 서극

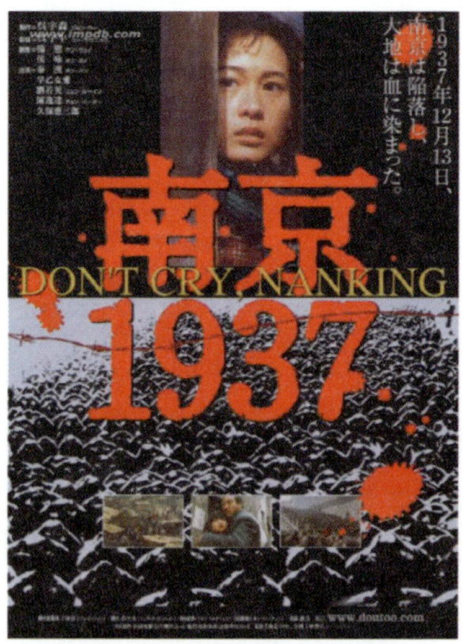


52. 〈남경 1937〉(1996년/홍콩)
감독 오자우

53. 〈화이트 스콜〉(1996년/미국)
감독 리들리 스콧

54. 〈여인사십〉(1996년/홍콩)
감독 허안화

55. 〈톰 베린져의 백색지대〉(1996년/미국)
감독 로버트 멘델

56. 〈정글 그라운드〉(1996년/캐나다)
감독 돈 알란

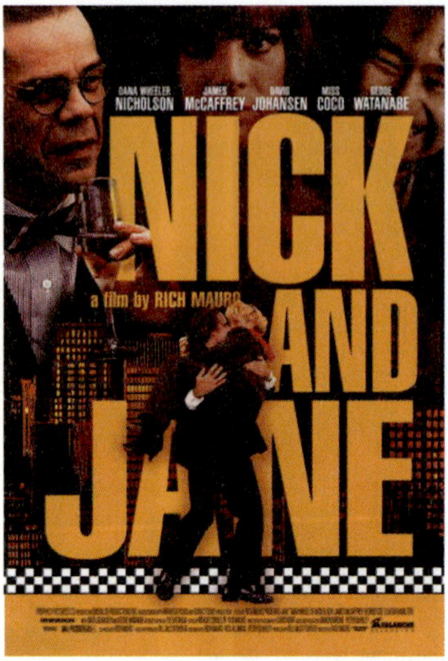


57. 〈닉 앤 제인(Nick And Jane)〉
(1997년/미국)
감독 리차드 모로

58. 〈바운드〉(1997년/미국)
감독 앤디 워쇼스키, 래리 워쇼스키

59. 〈성룡의 CIA〉(1998년/홍콩)
감독 진목승, 성룡

60. 〈하드 레인〉(1998년/미국)
감독 미카엘 살로몬

61. 〈햇빛 쏟아지던 날들〉(1998년/홍콩)
감독 강문

62. 〈성룡의 빅타임〉(1999년/홍콩)
감독 곡덕소

63. 〈개 달리다〉(2000년/일본)
감독 최양일

64. 〈링 2〉(2000년/일본)
감독 나카다 히데오

65. 〈호타루〉(2002년/일본)
감독 후루하타 야스오

66. 〈서울〉(2002년/일본)
감독 나가사와 마사이코

67. 〈배틀 로얄〉(2002년/일본)
감독 킨지 후카사쿠

68. 〈세상의 중심에서 사랑을 외치다〉
(2004년/일본)
감독 유키사다 이사오

69. 〈지금, 만나러 갑니다〉(2005년/일본)
감독　도이 노부히로

70. 〈익스펜더블〉(2010년/미국)
감독　실베스터 스탤론

## ● 이우석 회장과 함께한 감독들

이규환 감독 김기영 감독

정소영 감독 김수용 감독 최인현 감독 이형표 감독 강범구 감독

김시현 감독 문여송 감독 김응천 감독 석래명 감독 박노식 감독

박호태 감독 변장호 감독 이경태 감독 김선경 감독 김호선 감독

송영수 감독 김기 감독 이원세 감독 남기남 감독 이장호 감독

정지영 감독 최인호 감독 배창호 감독 신승수 감독 곽지균 감독

박광수 감독 홍상수 감독 장화영 감독 최호 감독 박희곤 감독

# 3장.

# 한국영화 100년, 그리고 이우석 회장

영평상 시상식에서 평생공로상을 수상한 이우석 회장

## 동아수출공사 이우석 회장

이우석 회장은 한국영화 100년사에 기록될 제작자이며 한국영화 수출의 선봉장이다. 그는 한국에서 상영이 끝난 영화들을 모아 홍콩, 대만 및 동남아에 수출했다. 3공 시절 박정희 대통령은 한국영화 장려정책으로 한국영화 의무제작을 실시했다. 외국영화 수입 쿼터를 받기 위해 한국영화 제작을 의무화시킨 것이다. 결론적으로 실패한 정책이었지만 이를 통해 그는 한국영화 제작자가 된다. 즉 ㈜동아수출공사(이하 동아수출공사)라는 회사를 창립한 것인데 이 영화사가 한국영화 100년사에 빛나는 업적을 남긴 영화사로 발돋움했다.

동아수출공사는 특별한 회사였다. 의무제작이지만 완성도 높은 영화를 제작하였는데 그것은 제작비를 아끼지 않았기 때문이다. 저예산의 늪에서 제대로 된 영화 한 편이 아쉽던 시절에 그는 아낌없는 투자를 통해 완성도 높은 영화를 제작한 것이다. ㈜합동영화사의 곽정환 사장은 "그렇게 제작비를 많이 쓰면 우린 어떡해?"라고 말할 정도였다.

이우석 회장은 굳은 믿음이 있었다. '정직'만이 업계에서 살아남을 수 있다는 신념이었다. 제작비를 청구하면 그는 군말 없이 결재를 해주었다. 그렇게 만들어야만 흥행에서도 성공할 수 있다는 생각에서다. 따라서 동아수출공사는 한국영화 명문 제작사로 자리를 잡았다.

물론 당시의 대제작사는 신상옥 감독의 '신필름'이었다. 꿈의 공장이었던 안양 스튜디오에서는 쉼없이 대작영화들이 양산되었다. 그러나 그러한 영화(榮華)는 길지 않았다. 방만하다고 할 정도로 수많은 영화를 양산하던 신필름은 1976년 정부의 탄압을 받아 영화사 허가 취소 처분을 받고 폐업한다. 이유는 〈장미와 들개〉라는 영화 예고편에 허가되지 않은 키스 장면이 들어갔기 때문이라지만 정권에 미운 털이 박힌 신상옥에 대한 탄압이었다는 것이 영화계의 정론이다.

신 감독은 납북된 최은희 배우를 찾아 홍콩으로 갔다가 그 역시 납북된다. 신상옥 감독이 사라진 한국영화계에 수많은 제작자와 제작사가 난립했지만 동아수출공사는 군계일학이었다. 당대 인기작가인 최인호 작가의 수많은 원작들을 독점하다시피 한 것이 그 증거이다.

최 작가의 인기소설 〈별들의 고향〉이 화천공사에서 제작되었지만 이후 그의 행보는 동아수출공사에 전속작가라고 해도 무방할 정도였다. 그것은 그만큼 대우를 받았기 때문이다. 그것은 비단 최 작가에만 한한 일은 아니었다. 당대의 인기감독들인 문여송, 이장호, 배창호, 곽지균, 박광수, 홍상수 감독이 유수한 영화를 만들어 흥행영화를 양산했다. 당시가 동아수출공사의 전성기였다.

일제강점기 〈임자 없는 나룻배〉의 이규환 감독의 은퇴작인 〈남사당〉의 제작을 맡아주었다. 이규환 감독의 조감독이었던 유현목 감독의 간청을 쉽게 받아준 것은 그의 남다른 결단력을 보여준 일화이다. 흥행을 생각지 않은 그러한 배짱은 어디서 나온 것일까? 그것은 그의 타고난 배포 때문이다. 좋은 일을 외면하지 않고 당당히 풀어나가겠다는 신념 때문이었다. 그것은 훗날 그가 대한노인회에 2억 원, 문공부 시절의 공무원 모임인 문화회에 3억 원 기부 등 나눔을 몸소 실천한 것만 봐도 그렇다.

신상옥 감독은 자신의 유작이 된 〈겨울이야기〉에 후반작업 요청을 도와주지 못한 것을 못내 아쉬워한다. 당시 상황이 불가피하였기 때문인데 그 영화가 신 감독의 유작이 될 것이라고는 생각하질 못했다. 2022년 대한극장에서 열린 추모 상영회 때 참석하여 신 감독의 아들에게 당시의 이야기를 들려주며 내내 마음 아파했다.

그는 2023년 9월 21일에 열린 제43회 영평상에서 공로영화인상을 수상했다. 그의 공로상 수상은 그의 영화인생에 대한 영화평론가들의 진심어린 시상이었다. 그의 영화상 수상은 새로울 것 없지만 영평상 평생공로상은 이우석 영화인생에 대한 뜻있는 보답이다. 이 회장의 답사는 모든 영화인들의 소망을 담은 것이었다.

"제가 일본에서 귀국하여 부산에서 영화인생을 시작했는데 벌써 65년 전입니다. 당시 한국영화가 일본영화에 견주어 많이 낙후되어 있었는데 이를 개선코자 영화제작을 시작했습니다. 그리고 한국영화에 제 삶을 다 바쳐 오늘에 이르렀습니다. 오늘 영평상 공로영화인상 참으로 감사드립니다. 한국영화 100년이 더욱 더 발전할 것이라고 생각하며 다시 한번 진심으로 감사드립니다."

그와 같은 영화인들이 몇 명만 더 있었더라면 지금의 한국영화 100년사는 더욱 빛이 날 수 있었을 것이다. 그는 아직도 인천의 넥스트 스튜디오로 자신의 꿈을 이어가고 있다. 한국에 유수한 영화사들이 명멸하였지만 그의 동아수출공사는 1922년에 오픈한 인천의 최신식 영화공장 넥스트 스튜디오에서 자신의 꿈인 한국영화의 발전을 도모하고 있다. 그는 진정한 한국영화 발전의 기수이다.

한국영화 100년사에 우뚝 선 한국 영화계의 거인 이우석 회장

레이몬드 초우 회장과 이우석 회장 부부

## 이우석 회장의 영화 인생

이우석 회장은 어린시절 일본에서 소학교를 다녔다. 반 내의 일본인 학생들은 소년 이우석이 조선인이라며 대놓고 멸시하고 폭행까지 했다. 서너 명이 소년 이우석에게 항복하라며 그를 구타하고 왕따시켰다. 이 회장은 이때의 후유증을 평생 안고 산다. 코의 기능이 비정상이 되어 수술도 여러 차례 받았다. 그래도 고쳐지지 않는 고질병이 되었다.

일제가 패전하며 한국으로 귀국하여 당시 국민학교로 편입하였는데 이번에는 한국어가 서툴러 학우들에게 '일본놈' 소리를 듣기도 했다. 당시에는 먹고 사는 것이 당면 문제였다. 어린 이우석은 생활전선에 뛰어들면서 결국 학교 졸업장이 없는 인생이 되었다.

이러한 상황으로 훗날 롯데의 신격호 회장(1921년생, 롯데그룹 창업주이자 명예회장으로, 1942년 83엔을 들고 일본으로 건너가 1948년 일본 롯데, 67년 한국 롯데를 세웠으며 롯데를 재계 5위 그룹으로 키워냈다.)과는 14살 차이인데 일본에 출장 가서 자주 만나던 사이가 된다. 그 인연으로 2035년인 100세까지 이용 가능한 평생회원권을 선물 받았다. 오래 살라는 뜻이 담겨있는 선물일 것이다. 그 평생회원권을 본 직원들이 당연히 깜짝 놀랄 일이다.

이우석 회장은 부산으로 가서 유리가게 점원을 하며 식생활을 해결했다. 시장통을 누비며 배달을 하며 청소년기를 보낸다. 그리고 부산 동아극장에서 매표원으로 일하며 자신의 영화인생을 개척하게 된다. 그의 인생은 미리 짜여진 것일지도 모르겠다. 일본에서 외화를 수입하는 오퍼상들을 알게 되었고 독일영화 〈물망초〉 수입에 소액 투자를 하며 그의 인생은 풀리기 시작한다.

당시 연합영화사의 주동신 부사장(?)은 주요 흥행작을 일본을 통해 수입하던 분이다. 그외 오퍼상인 김광진 사장 등의 활동을 보며 그도 외화 오퍼상 일을 자연스럽게 익히고 결국 외화수입, 한국영화 수출일을 하게 된다. 그런 그를 정진우 감독은 깡통장

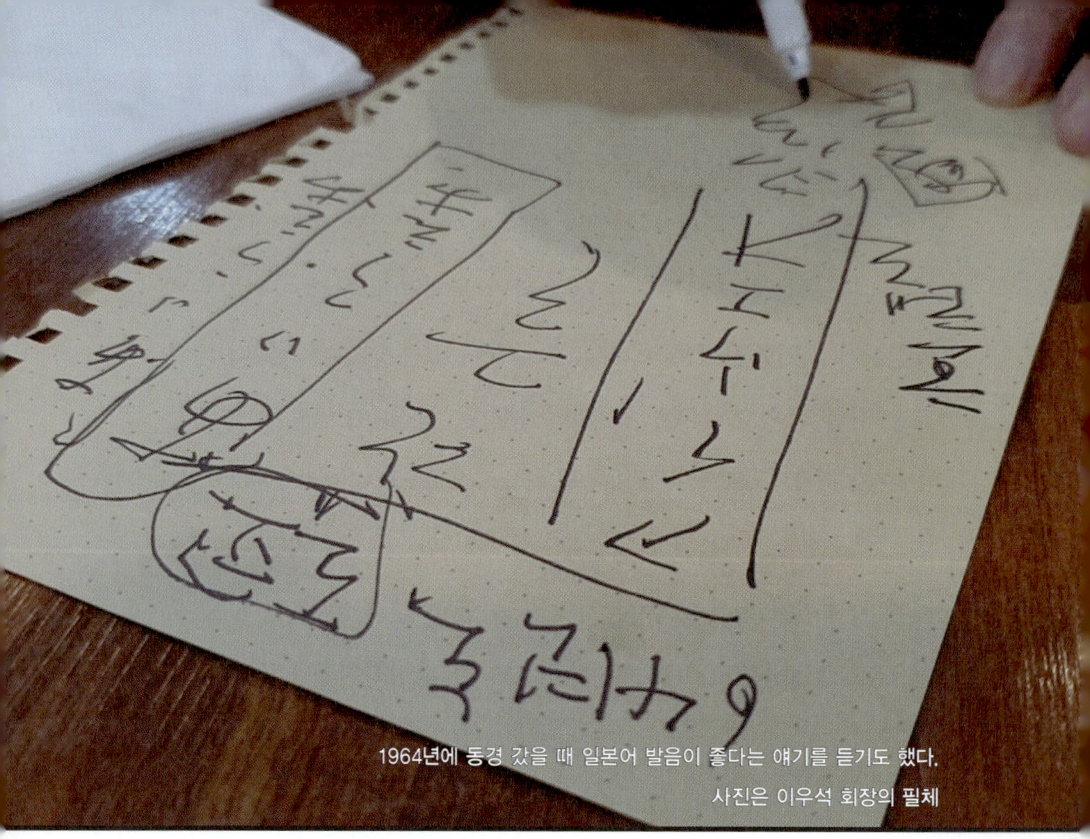

1964년에 동경 갔을 때 일본어 발음이 좋다는 얘기를 듣기도 했다.
사진은 이우석 회장의 필체

사 했다고 한다. 누구도 거들떠보지 않았던 한국영화를 모아 해외에 수출하며 그는 자연스럽게 한국영화 수출업자로 알려진다.

박정희 대통령 시기에 '국산영화 제작자에게 외화수입권을 준다'며 영화법을 개정하던 시기에 그도 한국영화제작사 신고를 하고 ㈜동아수출공사를 창립한다. 그리고 지금까지 85편의 영화를 제작했다. 외화수입도 수백 편에 이르는데 정확한 편수는 알 수 없고 오래 근무한 김 부장에 따르면 150~200여 편 남짓일 것이라고 한다. 홍콩의 이소룡 영화부터 성룡 영화까지 골든하베스트 영화는 그가 모두 수입했다고 해도 과언이 아니다. 그만큼 신용을 쌓아 형성한 관계 때문이다.

영성프로덕션이라는 비디오 프로덕션도 설립해 성룡의 출연작 모두를 출시하는데 모두 500여 편 남짓 출시했다고 한다. 그가 운영하던 동아극장도 명문관으로 자리잡았고 전국의 여러 곳에 많은 극장을 운영하였다. 이때가 그의 전성기이다.

그리고 양재역 근처로 사옥을 옮겨 10년을 보내며 인천의 영화 스튜디오를 기획하고 공사를 시작하여 2022년 드디어 오픈을 했다. 이 스튜디오는 이 회장의 영화인생의 결과물이다. OTT시대를 맞아 늘어난 영화제작 시기에 적합한 사업이 아닐 수 없다.

그는 험한 영화계에서 생활하며 적을 만들지 않았다. 매사 양보하고 배려하는 마음을 갖고 사람들을 대하니 적이 생길 수 없다. 인맥 또한 폭넓은데 그의 교유는 상상을 초월한다. 이제 영화계에서 우뚝 선 거인으로 그는 자리잡았다. 그것에 감사하며 영화인들을 위해 자신이 쌓은 부를 아끼지 않으니 오블리스 노블리제를 몸소 보여주는 것이다.

그의 성공비결 중 하나는 화를 내면 나만 손해라는 것이다. 즐겁게 살아야 하며 참는 마음으로 정직하게 산 것이 영화계에서 장수했던 롱런의 비결이다. 한마디로 깨끗하게 살아온 인생이다. 그것이 영화계에서 존경을 받고 신사로 불리는 이유이다.

## 포토

27세 때 수입한 영화, 〈물망초〉. 이우석 회장 27살 때 다른 오퍼상이 수입하는데 이우석 회장이 일부 자금을 투자하였다. 조조 입장료가 400환이었다.

# 音樂으로 수놓은「홈·드라마」

## 『勿忘草』(獨)

### 映畫掌談

「라디오」放送과音樂鑑賞室을통해 우리나라에도 널리알려진伊太利의名「테너」「췌르치오·타리아뷔니」가主演하는 音樂映畵—이야기는 女主人公「에리자베트」(자비네·베트만)라는 獨逸處女에다 焦點을두고 이것을 아름답고 典型的인「벨칸토」唱法의 一人者「타리아뷔니」의 노래로 수놓고있다 伯林으로부터「로마」로 轉勤해온「에리자베트」는 같은會社의 바람둥이 技術部長「루돌프」(에릿히·빈)를 사랑하게되나 그의 女子關係를알자 失戀의 슬픔을안고 伯林으로돌아와「햇손·모델」事務所에서 일을보고있는中 歐羅巴를 巡演中인 伊太利의

「테너」「알도」(F·타리아뷔니)와그의아들「디노」(맛시모·쥬리아니)少年을만나고 어머니없는「디노」父子에 끌려「알도」와結婚한다 여기서부터 映畵는「알도」의 演奏旅行을 보여주면서 「타리아뷔니」의노래를 「아리라」로부터 民謠에이르기까지 마음껏 들려주어 音樂「팬」이 아니라도 즐거워진다 旅行을 끝마치고 다시「로마」로돌아온「알도」一家앞에「에리자베트」의 옛愛人「루돌프」가나타나「에리자베트」를誘惑하나그녀는 끝내自己를잃지않고「알도」와「디노」에게로 돌아온다—歌劇「아후리카나」中에서의 <오 樂園이여>와「사랑의妙藥」中의 <남몰래 흐르는 눈물>을 비롯하여「마리아·마리」「돌아오라 쏠렌토로」「슈벨트의 자장가」「보라테」「사랑의 노래」「라 소남부라」「太陽의노래」等 珠玉같은 歌曲이 名唱「타리아뷔니」의 노래로 主題歌인「勿忘草」와함께 한時間四十分동안을 감싸는데「로마」를비롯한 南伊의 風光을 色彩「비스타비존」이 아름답게 그리고있다 다섯살짜리 꼬마「스타」「맛시오·쥬리아니」가 귀여운 演技를보여주고…「作品」云云하기 前에 우선 온식구 가보고듣고 고루즐길수있는 音樂「홈드라마」—獨逸 「구로리아·홈니야·필름」(아카데미劇場에서上映中)

〈꼬마신랑〉(1970년)의 촬영장에서 배우 문희와 함께한 이우석 회장(오른쪽에서 두 번째)

# 이우석 회장의 외길 인생

18살에 극장살이를 시작해 영화계에서만 70년이다. "돈 벌려고 작정했으면 재벌 됐지" 그동안 또 다른 사업의 기회도 있었지만 오로지 외길 인생을 사셨다. 생수 사업 등의 기회가 있었지만 동업자가 사망하면서 "영화 하라는 신의 계시다"라고 생각했다고 한다. 영화인으로서는 외화수입, 영화 수출 및 제작, 극장 운영, 당룡(김태정) 캐스팅 후 홍콩에 추천, 영화 합작 등 안 해본 일이 없다.

돈을 벌려면 기회는 많았다. 일본을 오가며 될 만한 사업을 보았고 권유도 받았다. 롯데그룹의 신격호 회장도 만나 교류를 하였으니 그에게는 분명한 인맥은 있었지만 부탁을 하지 않는 그의 성격대로 자신의 길만을 걸었다.

남들이 하던 부동산 투자도 그에게는 중요하지 않았다. 지금은 이회영 기념관이 들어선 남산자락의 집도 강제 수용당하고 장충동으로 옮겨 사무실과 극장을 지었다. 그리고 강남역 일대에 동아극장을 짓기 위해 극장 터를 구입했을 뿐이다. 사방에 돈이 될 물건들은 산재했지만 그는 영화 제작에 공을 들였다.

지금도 시내를 오가면 그가 지목하는 몇 개의 부동산이 있다. 당시 구입했으면 했던 물건들인데 그는 결코 후회하지 않고 그저 담담히 술회할 뿐이다. 오히려 갖고 있어야 할 물건들을 팔며 후회하는 경우가 많다. 우면산 자락에 자리했던 그의 집은 명당 터였다. 부동산 업자의 권유로 타인에게 넘어갔지만 이 집은 그가 소유하고 동아수출공사 기념관이 들어섰어야 할 곳이었다.

동아수출공사가 제작하는 영화들이 크랭크 인 하면 고사를 지내고 홍콩 스타 성룡도 초청해 파티를 개최했던 곳이다. 사연도 많고 동아수출공사의 그 수많은 유물들을 전시하기에 딱 알맞은 공간이지만 이제는 지나간 일일 뿐이다. 작년의 어느 날 이 집을 가보자고 해서 따라 나섰다. 이 회장은 그날 밤 배 앓이를 하였다고 한다. 후회할 일을 하지 않아야 하지만 그건 인간 능력 밖의 일이다.

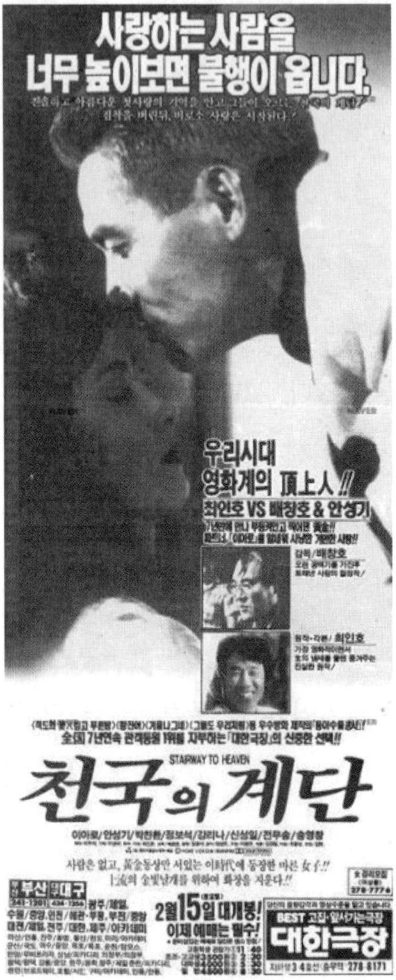


〈천국의 계단〉의 신문 광고

그는 연출부를 거쳐 제작부가 들고 오는 지출결의서를 그대로 결재해주었다. 그것은 그가 제작한 영화의 완성도를 보증하는 것이었다. 파티 장면이라면 근사한 파티 장면을 보여준다. 배창호 감독의 〈천국의 계단〉(1991)을 보면 알 수 있다. 그러한 '빽'그라운드로 동아수출공사 영화는 한국영화 100년사에 빛이 난다.

배창호 감독의 〈황진이〉(1986) 촬영 때에는 동시녹음을 위하여 외국에서 거액의 임차료를 물며 동시녹음을 위한 파나비전 카메라를 임대하여 영상미 최고의 영화를 만들어냈다. 다른 영화사라고 그리 하지 말란 법은 없는데 그의 집중 투자는 주변을 긴장케 했다. 합동영화사의 곽 사장이 했던 인사가 "우리는 어떻게 하라고?"였다고 한다. 당시 저예산 영화가 만들어지던 시절의 일이다.

타이페이에서 고인하 사장과 함께

그가 투자를 아끼지 않았던 것은 그가 영화 제작을 시작했을 때의 신념인 일본영화를 능가하자는 목표가 있었기 때문이다.

물론 동시녹음의 선구자인 우진필름의 정진우 감독도 이미 기술 투자를 먼저 시도했었다. 정진우 감독으로 인해 한국영화계는 진일보하였고 이우석 회장 역시 그를 타산지석 삼아 일본 동경에서 개최된 아시아태평양영화제에서 〈깊고 푸른 밤〉(1985)으로 작품상을 수상하기에 이른다. 그의 평생의 꿈을 실현한 일이다.

〈소림사 18동인〉 등의 대만영화를 수입해 소림사 시리즈를 알린 것도 그이다. 〈미워도 다시한번〉 시리즈를 대만에 수출해 대만의 영화 중계인 고인하 씨 좋은 일도 시켜주었다. 험악한 영화계에서 70년간 일하며 싸움 한번 없었으니 그는 매사에 양보하며 싫은 소리 한 번 안 했기 때문이다. "원도 한도 없이 살았다." 자신의 삶을 회고하며 하는 말이다.

그는 해마다 원로영화인 송년회를 전액 후원한다. 영화인들 때문에 오늘의 동아수출공사가 있었고 자신이 존재하므로 그것을 돌려준다는 노블레스 오블리주를 실천한다는 것이다. 많은 영화사들이 있었지만 분명한 건 그만이 그와 같은 정신으로 실천하고 있는 것이다.

물론 영화계에 재벌인 신영균 회장이 많은 기부를 하며 사회에 재산을 환원하고 있다. 이런 어른들이 한국영화계에 있음으로 해서 더욱 아름다운 역사를 남기고 밝은 미래를 향해 발전해나갈 것이다.

〈깊고 푸른 밤〉을 보기 위해 극장을 찾은 많은 관객

## 이우석 회장의 흥행감각

이우석 회장은 젊은 시절, 부산 남포동의 동아극장 앞에서 좌판을 벌인 점쟁이에게서 사주팔자에 도박산업 끼가 있다는 말을 들었다. 즉 승부사적인 기질이 있다는 말이다.

그는 영화 일을 배우며 외화수입 일을 배우고 소액 투자로 수입업에 관여한다. 바로 독일 영화 〈물망초〉인데 흥행이 되어 운 좋게 수익금을 받게 되고 업자로서 자리잡게 된다. 여기서 운 좋다는 것은 만약에 흥행이 안 되어 투자금을 다 날렸다면 다시는 외화수입에 개입하지 않았을 거란 뜻이다.

외화수입 및 한국영화 수출업을 하던 중인 1967년 바뀐 영화법에 따라 한국영화 제작사로 동아수출공사를 설립하고 한국영화 제작자가 된다. 그리고 85편의 한국영화를 제작했다. 한 편을 제작하기 위해 평균 세 편 이상의 시나리오를 읽어야 한다는데 그의 타고난 승부사적인 감각은 어김 없이 발휘되었다. 문여송 감독의 〈진짜 진짜 잊지마〉 시리즈가 그렇다. 그가 제작한 모든 영화가 대박은 아니지만 의무제작 시절이라 외화 쿼터로 보상받기에 적자 볼 일은 아니었다.

승부사적인 감각은 외화수입에서도 발휘되는데 고액을 들여서라도 흥행될 영화를 수입했다. 〈늑대와 춤을〉, 〈다이하드3〉, 〈클리프행어〉 등이다. 성룡의 무술영화도 그중 하나이다.

이렇게 그의 전성기는 1970년대부터 40년간에 이른다. 자신의 운명을 스스로 개척한 기적의 사나이의 성공담이다.

내가 이우석 회장을 만난 건 만난 건 2013년이다. 도동환 이사장이 주최하는 행사 방문차 강릉에 갔을 때 소탈한 그와 만날 수 있었다.

애초의 선입견과 달리 그는 편안한 분이다. 그와 만난 지 10개월 만에 첫 인터뷰를 할 수 있었다. 그동안 양재동 사무실로 찾아가 만나긴 했지만 길게 4시간 동안 이야기할 수는 없었다. 그러나 들

은 이야기는 극히 일부이다. 한 달 정도 들어야 그의 영화인생 이야기가 끝날까? 그렇듯 그는 이야깃거리가 많은 분이다.

1935년생으로 1962년부터 영화일을 시작했으니 벌써 오십 년을 한참 넘었다. 1973년 김시현 감독의 〈황사진〉부터 제작을 시작했고 2011년 박희곤 감독의 〈퍼펙트 게임〉까지 모두 85편을 제작했다. 편수는 많지 않지만 제작목록의 영화들은 한국영화사에서 거론되는 완성도 높은 영화들이 많다. 그러니 이야깃거리가 많을 수밖에 없다. 아직은 공개하기 어려운 이야기와 사진 등의 자료는 눈이 휘둥그레질 만하다.

1987년 〈프로젝트 A〉 촬영 중에 성룡, 홍금보와 함께

한국영화 제작에 있어서도 그는 많은 상을 받았고 외화수입도 흥행작이 많아 동아수출공사는 굴지의 영화사로 자리잡았다. 특히 홍콩영화 전문영화사인데 장철 감독의 〈의리의 사나이 외팔이(독비도)〉, 원화평 감독의 〈취권〉 등도 그가 골랐던 영화들이다. 비록 쿼터 문제로 직접 수입할 상황이 아니라 타영화사에 양보했지만 그의 영화 보는 눈은 정확하다. 나유 감독의 〈당산대형〉도 홍콩 극장에서 직접 보고 김인동 사장에게 추천했으나 김 사장이 포기하는 바람에 결국 그 영화는 이소룡 사후에 고가로 수입되었다.

그는 골든하베스트 레이몬드 초우, 하관창 등과 돈독한 관계를 유지하며 성룡의 모든 출연작을 수입하기도 했다. 그래서 성룡은 그를 깍듯이 모신다. 그리고 그가 수입한 〈007 죽느냐 사느냐〉, 〈클리프행어〉, 〈위험한 정사〉, 〈늑대와 춤을〉, 〈다이하드〉 등은 대박난 영화들이다.

그런가 하면 그가 제작한 한국영화들은 화제작, 문제작이 많았다. 그가 제작비를 타 영화사보다 더 투입했기 때문이다. 그가 제작한 〈애수의 샌프란시스코〉와 〈황혼의 만하탄〉은 최초의 미국 올 로케이션 영화이다. 역시 미국 올 로케이션으로 제작한 배창호 감독의 〈깊고 푸른 밤〉은 그해 최고 흥행 및 대종상 작품상을 수상하여 흥행과 작품성의 두 마리 토끼를 다 잡은 격이었다.

그런가 하면 최배달과 김운용의 만남을 주선하고 방학기 만화가가 〈바람의 파이터〉를 그리게끔 가교 역할을 하였다. 동아수출공사는 2011년 이후 한국영화 제작을 못하고 있다. 이유는 적자가 심해서이다. 향후 한국영화사의 증언자로 그와의 인터뷰는 중요하다고 생각했다.

## 포토

젊은 날, 일본 출장 중에

일본의 영화사 직원들과의 교류

〈판관 포청천〉의 금초군과 함께

88올림픽 때 성룡과 함께

KBS 〈바람과 구름과 비〉 녹화 스튜디오에서 신일룡(왼쪽에서 두 번째), 성룡과 함께

홍콩 골든하베스트 스튜디오에서 당룡과 함께

성룡과 함께

성룡 방한 때

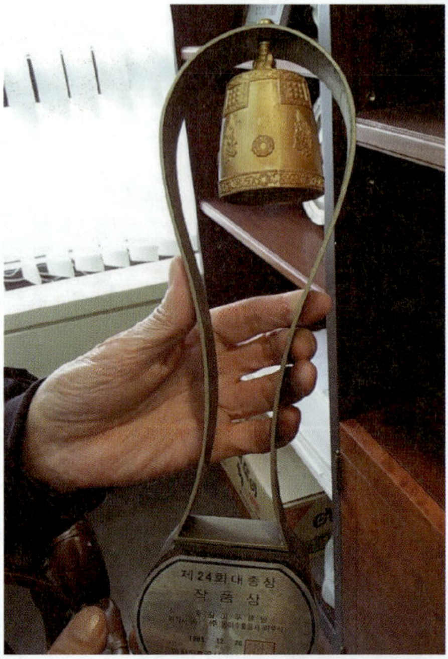
제24회 대종상
작품상

2013년 동아수출공사 이우석 회장과 첫만남

## 동아수출공사 이우석 회장을 만나다

1967년 1월 24일 동아수출공사를 설립하여 올해 창립 50년을 맞은 이우석 회장(1935년생)은 자서전 및 기타 사회활동으로 바쁘다.

현재 존재하는 영화사 중에선 가장 오래된 회사이다. 그동안 〈바람불어 좋은 날〉, 〈깊고 푸른 밤〉, 〈겨울 나그네〉, 〈칠수와 만수〉, 〈그들도 우리처럼〉, 〈돼지가 우물에 빠진 날〉 등 우수 영화를 제작하며 화천공사나 우성사 등과 함께 좋은 영화를 제작한 영화사로 기억

홍콩에서 성룡과 함께. 성룡은 자신의 차를 이우석 회장에게 선물했다.
이 차는 제주도 신영박물관에 기증되었다.

되는 것이 자랑스럽다고 한다. 이소룡, 당룡, 성룡과도 인연이 깊은데 홍콩골든하베스트사와 전속하다시피 하며 화제작들을 수입하였고 〈일대영웅〉, 〈위험한 영웅〉, 〈밀명객〉, 〈흑룡강〉, 〈사망탑〉, 〈아가씨 참으세요〉 등의 무술영화도 제작하였다.

1973년 〈황사진〉을 시작으로 2011년 〈퍼펙트 게임〉까지 85편을 제작하고 긴 공백기를 지내는 이 회장은 2022년 12월에 정경뉴스가 주최하는 제16회 자랑스런 한국인 대상을 수상하였다.

태풍 전야, 아침 하늘이 맑다. 10시에 이우석 동아수출공사 사장을 만났다.

동아수출공사는 한국영화 수출의 의지를 담은 상호인데 그의 회사는 한국영화사에 좋은 회사로 기억된다.

이규환 감독의 은퇴작인 〈남사당〉을 제작했고 김기영 감독도 4편을 감독했다. 배창호 감독의 〈깊고 푸른 밤〉도 이곳 작품이며 고 당룡(김태정)의 〈아가씨 참으세요〉도 이곳 작품이다.

동아수출공사는 한홍합작 및 성룡, 홍금보도 관련이 많다. 그것은 골든하베스트 영화를 한국에선 유일하게 수입해 개봉하거나 비디오로 출시했기 때문이다.

그는 "빈농의 자식으로 태어나 평생을 영화에 바친 사람"이라고 자평한다. 이 공로로 그는 두 차례 훈장을 받았다.

# 포토

양재동 사무실에서(2018년 12월)

부산의 동아극장 터에서

# 영화계 입문

이우석 회장의 기억력은 남다르다. 그렇지만 이 회장은 기억력이 예전같지 않다고 푸념이다. 그래도 그의 기억력은 상당하다. 게다가 소장한 사진은 상상을 초월한다. 사진이 취미여서 그럴까? 요즘도 같이 사진 찍는 걸 잊지 않는다.

그의 앨범은 수십 권인데 보기 드문 희귀 사진들이다. 흡사 나는 금맥을 캐는 심정이다.

모두 85편의 한국영화를 제작한 이 회장은 광복 후 일본에서 부산으로 귀국하여 어렵게 살았다. 당시 모두가 어렵게 살던 시기였는데 그는 국민학교 5학년 때 가출하여 부산의 국제시장 앞의 동아극장에서 정기호 씨를 만나 극장에서 일하게 된다.

영화일과 처음 연결된 것인데 점쟁이도 투기사업 즉 흥행사업을 하라고 말했다고 한다. 용한 점쟁이였던 듯하다.

그는 일본 밀입국을 포기하고 극장에서 입회라는 임시직원으로 일하던 김철호(1935년생)에게 부탁해 동아극장에서 일하게 된다. 그리고 1958년 23살 때 무역회사인 덕신공사(윤명혁 사장) 부산지사에서 일하게 된다. 그리고 유재환 등 해양대 학생들과 알게 되어 그들이 해외시찰하며 가져온 밀수품을 도매상에 넘기는 중간상(나까마)을 하며 돈을 벌었다.

그리고 상경해 덕신공사 본사에서 일하며 불이무역을 통해 일본 본사를 통해 외화수입 오퍼상 일을 하게(배우게) 된다. 그가 일부 투자를 했던 독일 영화 〈물망초〉는 1963년에 흥행에 성공했는데 2천 불에 수입해 대박이 났다고 한다.

당시 하숙은 방산시장 입구 큰길에 자리한 최재구 씨 댁에서 방산국민학교 6학년이었던 아들 최신석과 한 방을 썼는데 그는 훗날 검사장까지 지낸다. 그의 인덕은 비교적 좋은 편이라고 할 수 있다. 당시와 같은 시대에 인맥은 큰 도움이 아닐 수 없다. 무엇보다도 그가 성실했던 것이 성공비결인 것은 부인할 수 없는 사실이다.

30대 시절의 이우석 회장

그는 부산서 현재의 부인을 만나 함께 상경하여 결혼식도 못 올리고 1964년에 큰아들을 낳는다.

그의 외화수입 사업에 첫 실패는 1969년에 빚 내서 수입한 영국 국책영화 〈공군대전략〉이다. 서울세관의 통관료도 없어서 피카디리 극장 사장에게 선수료를 받아 해결하였다. 그런데 흥행도 안 되고 프린트 1벌로 전국 순회를 해야 하던 시절에 부산까지 헬기를 타고 가 상영했지만 그만 고배를 마시고 만 것이다.

당시는 외화를 수입하며 언더페이가 있을 수밖에 없었는데 공식적으로는 외국 영화사에 2천 불만 지불할 수 있었다고 한다. 그러나 나머지 돈은 언더페이로 지불할 수밖에 없어 모두가 범법자들이 되어야 하는 상황이었다. 곤궁한 시절이니 외화가 더욱 소중했던 시절의 에피소드이다.

〈공군대전략〉의 포스터

그는 1964년 타이페이에서 열린 제11회 아시아영화제 때 화교 고인하 씨를 통해 한국영화 수출을 시작한다. 당시 아시아영화제에서는 신상옥 감독의 〈빨간마후라〉로 신영균 배우가 남우주연상을 수상했다.

그는 1967년 1월 24일 동아수출공사를 설립하고 1973년 3월 30일 영화업자 신규 등록을 하고 김시현 감독의 합작영화 〈황사진〉을 첫 제작한다. 이야기는 더 길고 장황한데 모두 두 시간에 걸친 긴 인터뷰였다.

## 이우석 회장과 런런쇼

홍콩 영화의 아버지라면 바로 런런쇼다. 홍콩 쇼브라더스의 창립자이며 우리가 기억하는 화제작 〈스잔나〉를 비롯하여 〈방랑의 결투〉, 〈복수〉, 〈13인의 무사〉 등의 무협영화를 제작한 분이다. 그 후 1971년부터 골든하베스트사가 〈당산대형〉, 〈정무문〉, 〈사망유희〉를 만들며 아버지의 시대가 저물고 홍콩 영화계에 작은아버지라고 할 수 있는 레이몬드 초우 시대가 된다.

1966년 11월 라이프 잡지(아시아 판)에 소개된 런런쇼

이 두 분은 라이벌이자 동료로서 서로 자극을 주며 해외 파트너를 통해 발전을 모색한다. 이분들은 한국 파트너로 각기 신상옥 감독과 이우석 제작자를 선택한다. 그것은 나이 차와 전성기가 다르기 때문이다. 이들이 뭉쳐 한국영화의 지형도를 바뀌었다. 1970년대부터 80년대까지 무예영화 장르 붐을 일으켰고 수많은 합작영화가 제작되었다.

홍콩영화의 전체 규모는 우리와는 큰 차이가 있다. 동남아의 화교를 대상으로 하니 제작비 자체가 다르다. 한국시장도 포함되니 많은 한국영화인들이 홍콩으로 건너가서 활동했다. 1986

년부터 홍콩 느와르 영화가 대세였고 오우삼, 서극 등 아들들의 세대에 밀려나며 두 분은 홍콩영화계의 레전드로 자리한다. 전성기를 넘긴 거인들은 레전드로 기억된다.

이우석 회장은 1960년대부터 아시아영화제에 참석하면서 런런쇼가 홍콩 영화계의 실세임을 확인하고 롤모델로 자리한다. 신상옥 감독은 당대 한국영화계를 좌지우지한 거장이다. 런런쇼도 무시 못할 존재로 신 감독은 당대 최고의 감독이다.

신 감독은 이우석 회장에게도 롤모델이며 그들 모두 이제는 이 세상 사람은 아니다. 그렇다. 이제는 시대가 바뀌어 이우석 회장이 그들 자리에 있다. 런런쇼는 107세에 운명했다. 이우석 회장과 런런쇼 회장은 외모도 그렇지만 불우한 성장기를 딛고 영화계에 입문해 자국의 영화산업을 중흥시킨 닮은 점이 많은 분들이다. 이 회장도 런런쇼 회장만큼 장수하시길 기원해본다.

부산 남포동 거리에서

## 이우석 회장의 부산행

2019년 12월 24일, 며칠 후의 영화 세미나를 앞두고 이우석 회장을 모시고 그가 청춘을 보내며 영화계 입문하게 된 부산을 찾았다. SRT로 2시간 20분 거리이다.

그는 광복 후 일본에서 부산으로 와서 동신국민학교엘 다녔지만 한국어를 몰라서 다른 학생들과 어울리지 못하고 싸움이 나고 자퇴하게 된다.

그리고 15세에 가출하여 유리가게 점원을 하다가 동아극장에서 친구 김철호의 매표일을 도우며 극장에 발을 디디게 된다. 운명적인 시작이었는데 이후 구 현대극장에서 매표일을 입회하는 일 등 여러 극장일을 하게 된다.

당시 살던 곳은 지금의 민주공원이다. 공동묘지와 판잣집이 몰려 있던 곳이 깨끗이 단장되어 공원이 되었다. 당시 모두가 그러했지만 어머니가 산 아래 찬물을 길어다 먹었다고 한다.

그리고 무역회사에서  독일영화인 〈물망초〉를 수입하며 부분 투자를 하였다. 이 영화가 대박이 나며 영화 수입 일에 본격적으로 나서게 된다. 서울을 오가며 영화 수입을 하던 그는 헬기를 타고 다닐 정도로 거물이 되었다.

그는 해양대 학생들의 스폰서가 되어 그들과 교류를 시작했다. 당시 벗들 중에선 재계 거물들이 나왔고 일생의 벗이 된다.

그러던 어느날 어머니의 부고를 듣게 되어 자신의 불효를 새삼 느끼게 되었다. 그리고 서울로 나이 어린 동생 이권석을 전학시키고 부모 노릇을 대신하게 되었다.

오늘 부산행을 통해 그가 인생 초년부터 얼마나 많은 고생을 하였는지를 새삼 알게 되었다. 당시가 광복과 한국전쟁 시기라 누구나 마찬가지였겠지만 그는 이런 고통을 벗어나고자 더욱 노력하였고 오늘의 동아수출공사라는 한국영화사에서 우뚝 선 최고의 영화사를 운영하게 된 것이다.

부산 모교를 찾은 이우석 회장

동아극장 앞의 점쟁이를 찾아가 미래를 점쳤을 때 점쟁이는 투기사업을 하라고 조언했다고 한다. 투기사업이 뭐냐고 묻는 그에게 동아극장을 가리켰다는데 그것이 인연이 되었을까? 그는 강남역에 동아극장(현 CGV)를 우뚝 세웠고 운영했다.

㈜동아수출공사의 창립은 1970년으로 지금부터 55년 전이니 그의 노력의 결실이 아닐 수 없다.

2019년 12월 29일, 第80회 한국영화100년 세미나에서 발제하는 필자

# 이우석 회장 세미나

2019년 12월 29일 개최된 한국영화100년사 세미나에서 12시부터 얼마전 완성된 〈이우석 회장의 부산행〉 다큐멘터리를 보았다.

2부에서는 한국무예영화의 개척자인 이우석 동아수출공사 회장에 대해 발제를 가졌다. 1973년 〈황사진〉부터 〈일대영웅〉을 비롯하여 〈사망유희〉, 〈사망탑〉 등의 영화를 기획, 제작한 그는 홍콩에서 〈당산대형〉을 최초로 본 한국인이다. 당시 수입 쿼터 문제로 다른 영화사가 후에 수입한다. 적어도 그는 탁월한 안목으로 영화를 선정하는 남다른 감이 있다. 물론 모든 수입 영화가 흥행에 성공한 것은 아니지만 고른 수준의 영화를 선정하고 거의 평균 수준 이상의 타율(?)을 비롯하여 대박을 기록했다. 1970년대 당시는 외화가 모두 100여 편 정도 수입되었기에 흥행기록은 일단 보장된 시기였지만 그의 수입영화들은 흥행 기록이 남달랐다.

그런 안목은 한국영화 제작에도 해당되었다. 동아수출공사가 제작했던 영화들 중에 당해년도 최고 흥행을 기록한 영화로 〈깊고 푸른 밤〉, 〈고래사냥〉 등이 있다. 그는 한국영화 수출에도 적극적으로 나서 대만 등에 〈미워도 다시한번〉 시리즈를 수출한다. 대박이었음은 두 말할 나위없다. 그러한 안목이 스타 탄생에도 해당됐다.

그는 홍콩에 지사를 설립해 홍콩영화 교두보 역할을 한다. 승승장구하던 동아수출공사는 1990년대 강남역의 동아극장을 운영하며 한국영화 제작 및 홍콩영화 수입 주력사로 명실상부한 최고의 영화사로 자리잡았다. 골든하베스트사와는 1년에 한 편씩 수입하기로 했지만 거의 독점한 상태로 성룡 출연작은 거의가 수입하여 개봉했다.

그리고 1990년에 영성비디오 프로덕션까지 운영하며 단연 두각을 보였다. 이러한 배후에는 영화를 보는 그의 탁월한 안목이 있었다. 그가 제작한 이장호 감독의 〈바람불어 좋은 날〉, 배창호 감독의 〈깊고 푸른 밤〉, 곽지균 감독의 〈겨울 나그네〉, 홍상수 감독의 〈돼지가 우물에 빠진 날〉 등이 그를 증명한다. 그의 영화사를 통해 수많은 신인감독들이 데뷔했고 한국영화 흥행기록을 경신했다.

이번 세미나에는 그의 지인 정장환 ㈜이플래어 코리아 대표가 참석해 그의 영화사업 성공에 대해 시네토크를 나누었다.

〈황사진〉의 포스터

## 1973년 영화계

정치적으로 불안한 한 해였다. 긴급조치 7호가 발동되어 대학가에 휴교령이 떨어지기도 했다. 파리에서는 월남전 종전을 위해 당사국 간 파리평화협정에 조인했다.

한국영화로는 신상옥 감독이 갑신정변을 소재로 〈3일 천하〉, 임권택 감독은 국책영화 〈증언〉을 감독했고 자신의 과거 스타일 영화와의 이별을 고한 스타일의 영화 〈잡초〉, 이신명 감독이 〈동풍〉, 이

성구 감독이 〈쥬리아와 도쿠가와 이에야스〉를 감독했다.

이우석 동아수출공사 대표는 이 해 3월 30일 영화업자 신규 등록을 하고 김시현 감독의 합작영화 〈황사진〉을 첫 제작한다.

1973년 최고 화제의 인물은 이소룡이라고 해도 과언이 아니다. 그 해 제작비 대비 가장 최고의 수익을 올린 영화 〈용쟁호투〉가 전세계에 개봉되었는데 그는 이미 고인이었다. 한국에서는 그의 사망일인 7월 20일, 일주일 후인 27일에 서울 피카디리 극장에서 〈정무문〉이 개봉되며 관객들을 놀래켰다. 입소문에 관객몰이가 되며 〈정무문〉은 그해 최고 흥행작 1위에 올랐다.

그보다 먼저 제작된 〈당산대형〉이 〈정무문〉에 이어서 개봉되었고 연말에는 〈용쟁호투〉가 두 개의 극장에서 동시 개봉되며 이소룡 신드롬은 대한민국을 떠들석하게 해놓았다.

골목마다 아이들이 이소룡의 쌍절곤을 휘두르며 놀았고 각 도장들은 신입회원들로 북적였다. 모든 이들이 이렇게 이소룡을 이야기하니 영화계라고 가만 있을 리 없었다. 곧 모방작들이 기획이 되고 촬영에 돌입한다. 그야말로 이소룡으로 들썩인 한 해였다.

이소룡의 죽음은 믿을 수 없는 일로 확산되며 이소룡 신드롬에 이소룡 문화현상으로까지 이어지며 이소룡 상품이 만들어졌다.

죽은 배우 중 가장 비싼 사인은 제임스 딘 3,100만 원, 이소룡이 2위로 1,900만 원이다.

이해에 황풍 감독, 이준구 주연의 〈흑권(跆拳震九州)〉이 제작되어 한홍합작영화로 개봉되었다.

외국영화로는 크리스 미첨, 올리비아 핫세 주연의 〈섬머타임 킬러〉가 개봉되어 흥행 2위작이 되었다. 한 편의 뮤직 비디오 같은 액션영화로 〈정무문〉과는 불과 9천 명 차이로 2위가 되었다.

미국에서는 윌리엄 프리드킨 감독, 린다 블레어, 엘렌 버스틴, 막스 폰 시도우, 리 J. 콥 출연의 〈엑소시스트〉가 개봉되어 관객들이 놀라 뛰쳐나오는 소동이 벌어졌다. 원작은 〈무당〉이었고 베스트셀러였다. 영화 역시도 선풍적인 인기를 끌었다. 우리나라에서는 1975년 국제극장과 허리우드 극장에서 동시개봉되었다.

이 해에 KBS TV 드라마 〈여로〉가 최고 시청률을 올렸고 미래 한국영화를 짊어질 전도연과 정우성이 태어났다.

## 포토

이우석 회장의 회고록 출판기념회가 2022년 10월 14일 14시 부터 영상자료원에서 성황리에 개최되었다.

(주)동아수출공사
DONG-A EXPORT CO.,LTD

한국 영화산업의 거목 이우석 회장 회고록
영화에 살다 출판기념
영화 「천국의 계단」 상영회
2022년 10월 14일 금요일
동아수출공사 / 한국영상자료원 시네마테크KOFA

세상은 우리를
라이벌이라 부릅니다
동열
18
PERFECT GAME
2011.12
사랑과 순수를 조율하는
세 영혼의 모음집!!
겨울나그네
DEEP BLUE NIGHT
깊고 푸른 밤

# 이우석 회장의 회고록 답사答辭

'나는 하늘이 도운 기적의 사나이'

인간의 한 생애란 그저 나무 아래서 잠깐 잠이 들어 한바탕 꿈을 꾼 것처럼 덧없다고 합니다. 인생은 남가일몽(南柯一夢)이란 선인들 말씀에 고개를 끄덕이게 되는 게 요즘입니다.

제 나이가 어느덧 미수(米壽)에 이르게 되었습니다. 6·25동란으로 폐허가 된 이 나라에서 운명적으로 영화와 인연을 맺은 이래 근

70년 가까이 한길을 걸어왔습니다. 그야말로 일평생 영화에 울고 웃으며 영화 하나로 살아온 사람입니다. 그나마 1세대 영화 제작자로서 여전히 현역으로 자리를 지키고 있는 사람은 저 혼자라고 합니다.

영화계에 첫발을 내딛은 이래 젊은 나이에 외국 영화를 수입해 들여오고, 또 처음으로 울 영화를 해외에 수출하는 사업을 시작했으니 제 인생은 말 그대로 영화인생 그 자체였습니다. 그래서 제 이름을 걸고 직접 영화를 제작하려고 회사를 창업할 당시, 제가 처음 영화계와 인연을 맺었던 부산 동아극장에서 '동아'를 따오고, 특히 우리 영화를 해외로 수출하겠다는 포부를 가지고 '수출공사'를 붙여 '동아수출공사'라는 영화사를 세웠던 것입니다.

이렇게 특별한 사명(社名)을 짓게 된 데에는, 하루아침에 생겼다가 하루아침에 문을 닫고 사라지는 영화사가 많던 당시 충무로 풍토와 관련이 깊었다 하겠지요. 돈을 벌어 영화계를 떠나든 부도를 내고 야반도주를 하든 무책임한 영화제작자가 되지 않겠다는 의지에서 영화사로서는 유일무이한 독특한 사명을 갖게 되었던 것입니다. 그래서 저 역시 영화로 크게 손실을 본 적도 있었으나 영화로 일어났고, 영화인으로서 외길을 지켜 입지전적인 업적을 남겼다는 소리도 듣습니다. 영화로 부를 일구었다고 해서 다른 사업에 한눈을 팔지 않았습니다. 주위에서 조언하고 도움을 주겠다고 해도 저는 한사코 사양했습니다. 아마 다른 사업에 손을 댔더라면 재벌 소리를 들었을 수도 있었겠지요. 하지만 저는 영화제작자로서 이름 석 자를 남기겠다는 신념을 우직하게 지켜왔습니다. 오직 '정직'만이 유일한 '빽'이라는 마음 하나로 영화제작자의 길을 걸어온 것이지요.

영화법 제정으로 우리 영화를 제작해야 외국영화 수입권을 주던 쿼터제가 있던 시절엔 제작편수를 맞추기 위해 영화사 이름만 빌려주는 대명(代名) 제작이 공공연하게 통용되던 때도 있었습니다만 동아수출공사는 단 한 편의 대명 영화도 없이 85편의 영화를 제작했습니다. 정직을 신조로 삼아온 사람으로서 한 점 부끄럼 없는 자부심이라고 하겠습니다.

가까운 분들 외에는 전혀 모르는 사실 두 가지가 있습니다. 하나는, 일제시대에 태어나 아버님을 따라 일본과 한국을 전전하느라 제때 공부하지 못해 국민학교 졸업장도 없는 무학력자란 것입니다. 또 하나는 아버님께서 강제징용으로 가 있던 일본 탄광촌에서 '조센징'이라는 이유로 폭행을 당해 평생 남모를 고통을 안고 살아야 했던 장애가 있다는 사실입니다. 이러한 사람이 영화인 외길을 꿋꿋하게 걸어 나름대로 일가를 이루었으니 저는 참으로 '기적의 사나이'였던 것입니다. 하늘이 돕지 않고서는 제 스스로 이룰 수 없는 기적을 이루었다고 생각합니다.

저는 인복이 많은 사람입니다. 항시 최고의 작가, 최고의 감독과 연기자들과 일하려고 했고, 또 그분들이 저의 손을 잡아주었습니다.

이미 영화계 최고의 인재이거나 장차 우리 영화계를 이끌어 나갈 미래의 인재들이 동아수출공사의 명작들을 탄생시켰던 것입니다.

그래서 외람되게 펴내는 저의 회고록이 우리 영화 100년사에 유익한 자료가 되기를 바라고, 저와 같이 영화를 만들었던 분들과는 그 영광을 함께 나누고, 저와 오랜 우정을 맺으신 사회 각계 여러분들과는 그 추억을 함께 회상하는 책이 된다면 더없이 기쁘겠습니다.

## 포토

제12회 아름다운 예술인상에서 이우석 회장이 공로상을 수상했다. 아름다운 예술인상 시상식은 매년 개최되는데 2022년에는 이우석 회장님과 마동석, 하춘화, 신구, 조은지 감독 등이 수상했다. 이 회장은 상금 2천만 원을 즉석에서 영화인 원로회에 기부했다.

안성기 배우와 함께

SHIN YOUNG KYUN
신영균 예술문화재단

# 4장.

# 이우석 회장의 라이프

## 서울에서의 이사 이력

이우석 회장은 슬하에 세 자녀를 두었다. 당시 경향대로 25세의 젊은 나이에 결혼하였다. 지인의 소개로 만나 결혼하여 평생을 해로하였다.

신혼 초엔 필동의 단칸방에서 전세로 살았지만 영화 수입 및 수출업자로 곧 자리를 잡으며 지금까지 번성하였다. 남산 자락의 사옥 겸 주택도 천여 평에 이른다.

용문동에서 살 때엔 같은 동네에 살던 정진우 감독이 양주를 갖고 찾아오기도 했다. 그 뒤 동부이촌동의 65평 맨션으로 이사갔고 이웃으로는 합동영화사의 곽정환 사장이 살았다. 줄곳 살았던 곳은 우면동이다. 옆 집에 부친을 모셔 1,680평의 두 필지로 대규모 저택이었다.

지금은 생태공원으로 조성된 곳인데 너무 외져서 도곡동의 포스코텍으로 이사와서 지금까지 살았다.

매봉산 자락의 이곳은 더 이사갈 일이 없는 좋은 집터이다. 사람에게 집터란 제일 중요하고 산의 정기를 받는 곳이 최고의 택지이다.

## 인생 철학

인생은 거창하지만 철학은 간단하다. 이우석 회장의 인생 철학은 "사람은 죽어서 이름 석 자를 남긴다."는 것이다. 그러기 위해 살고 그 결과가 분명히 남는다.

이 회장은 초등학교를 마치지 못하고 사회생활을 통해 독학으로 학교 공부를 대신했다. 배움에 대한 갈망이 더했기에 더 치열하게 살았다. 친구 사귐은 그래서 중요했다. 좋은 벗을 만나 사귀며 그

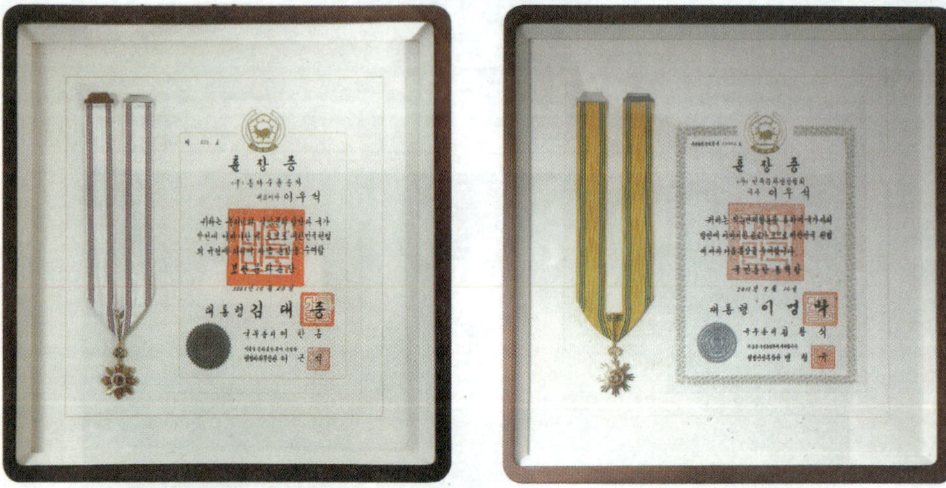

**이우석 회장이 받은 훈장. 왼쪽부터 보관문화훈장(2001년, 김대중 대통령), 국민훈장 동백장(2011년, 이명박 대통령)**

들을 통해 학교 밖 수업을 한 것이다.

그리고 욕심 부리지 않고 한 걸음 한 걸음, 인생길을 걸었다. 그러한 마음이 오늘의 이 회장을 만든 것이다. 그러다 보니 사방에서 상 드린다고 부르고 국가 문화훈장을 두 개나 받았다.

이 회장의 지근거리에서 보면 상호 신뢰 관계까지가 힘들지 이후로는 굳건한 사이가 된다. 건전한 공동의 목표를 향해 하루하루를 의미있게 보내다 보면 자신의 목표를 더 빨리 이룰 수 있다.

그러나 이 회장은 주변의 신세를 지는 것을 절대 삼갔다. 자수성가형으로 누구의 도움 없이 홀로서기를 했다. 누군가에 의지해 도움받을 법하지만 이 회장은 그렇게 살지 않았다. 정신무장을 하여 큰 나무 밑에서 그늘을 찾는 것보다 더워도 광야로 나간다는 비유가 어울린다.

부산 해운대 바닷가에서

## 믿음 철학

이우석 회장은 처음부터는 아니지만 지켜보며 전폭적인 신뢰를 보낸다. 직원들은 더 열심히 일할 수밖에 없다. 그러니 회사가 잘 굴러가고 발전한다.

물론 눈밖에 나는 일도 있지만 모르는 척 넘어간다. 그것이 반복되면 곤란하지만 속으로만 알고 있다. 대세에 지장없다면 직원들에게 위임하는 스타일이다.

즉 자율형 경영을 실천하며 회사의 발전을 도모한다. 잔소리보다는 지긋이 바라보며 지켜보는 것이 더 효율적일 것이다.

나의 경우도 처음 뵙고 5년간은 함께 식사를 하지 못했다. 양재동 체육관을 다닐 때인데 디오빌 빌딩에 있던 동아수출공사 사무실 옆이라 가끔 들러 차담을 나누었다. 그런데 좀처럼 식사하자는 말씀이 없었다. 약속도 많지만 경계심 때문인가 싶기도 했다.

그리고 5년이 지나자 식사하자고 지인과의 식사자리에 불렀다. 그리고 일주일에 두 번 이상 식사하는 사이가 되어 지금은 아들인 이 사장보다도 더 많이 식사하는 사이가 되었다.

내게 하는 말씀 중에 "부담이 없다"는 말은 혹여라도 딴 생각 말라는 뜻같다. 그동안 다가왔다가 어느 날부터 발길을 끊은 많은 이들이 모두 돈 때문이다. 돈 부탁에 처음부터 거절하지 못하는 것을 안 여러 사람들에게 데인 것이다.

감독료, 고료를 받아 사라지고, 사무실 운영비 빌려 사라진 이들이 부지기수이다. 처음부터 그러려고 했던 것은 아니지겠지만 돈이 실수하는 것이다. 사람까지 잃으니 그것처럼 우울한 것은 없다.

그래도 전화를 드리고 찾아오면 마다할 이 회장이 아니다. 이미 용돈쯤으로 생각하는 이 회장이다. 홍콩에서 빌려준 백만 원을 들고온 권영문 그랜마스터의 돈을 받을 리 없다. 이미 잊어버린 것에 대한 것은 지나버린 일이다. 그런 대범한 모습에 상대는 더 존경하게 된 것이다. 망해서 못 갚는 돈을 어쩔 것인가? 그렇게 용서하고 지날 수 있는데 죄를 진 당사자가 못 찾아오는 것이다.

실수로 곁을 떠난 당룡도 영원히 되돌아오지 못하고 세상을 떠났다. 찾아와 진심어린 사과 한 마디면 모든 것이 풀릴 터인데 그게 그렇게 힘든 것이다.

지금이라도 돈 빌린 이들은 최선을 다한 돈을 가져와 갚으면 이 회장은 받지 않을 수도 있다. 돈에 대해 관대한 것이 아니라 소식을 끊은 것이 괘씸한 것이다. 결국 사람이 미운 것이 아니다. 믿음이 깨진 것이 안타까운 것이다.

그런데 누구나 다 알 수 있는 그것을 못하는 것이 더 안타깝다. 이 회장은 사람을 믿기에 손해본 일이 있지만 이제는 용서 못할 일이 없을 것이다. 그런 믿음 철학을 가진 이 회장이다.

## 성공비결

이 회장은 정직이 '빽'이었다며 자신의 삶을 회고한다. 거친 영화계에서 살아남은 비결은 바로 정직이다. 합동영화사 곽정환 사장도 "이우석 회장은 건들지 마라."고 주변에 말했다. 그만큼 깨끗하게 사업을 했다. 한때 고소건으로 검찰에서 조사받은 영화인 중에서 그만이 무죄로 바로 나왔다. 그렇게 사업을 하니 좋은 사람들이 모여들었고 그의 동아수출공사는 좋은 영화사의 대명사가 되었다.

"난 18세까지만 고생했지. 감사 감사…" 〈깊고 푸른 밤〉, 〈고래사냥〉 등 그가 제작한 85편의 영화는 거의 성공했고 그는 강남역의 동아극장까지 운영했다. 사업은 탄탄대로였고 그는 그렇게 그저 감사한 마음으로 평생을 살아오셨다. 영화계에서 성공한 흔치 않은 케이스이니 기적 같은 삶이다.

# 이우석 회장의 인품

인품이란 사람으로서의 품격으로 보고 느껴지는 것이 아니라 말보다 행동하는 것을 보고 내려지는 사람들의 평이다. 이우석 회장의 첫인상은 아주 까다로워 보인다. 하지만 단 십 분만 말을 하다 보면 그가 상당히 오픈된 분이라는 것을 알 수 있다. 말씀에서도 인품이 느껴지지만 가까이서 계속 만나다 보면 더욱 느끼게 된다.

물론 처음부터는 아닌데 가까이서 보며 느끼게 되었다. 처음에는 나를 경계했던 것 같다. 지인의 소개로 만난 것이 아니라 영화인 전통시장 방문을 통해 우연히 만났기 때문이다. 처음 뵙고 인사를 드리고 '한국영화100년사연구회' 회장이라고 신분을 밝혔다. 게다가 대학교수이고 시나리오 작가협회 회원이니 경계할 필요가 없는 신분이었다.

양재동의 영화사 사무실로 오라고 하셔서 찾아가 인사를 드리니 한국영화사 비화를 술술 얘기해주셨다. 그의 이야기는 아라비안 나이트처럼 끝이 없다. 물론 즐겨하는 이야기는 한정되어 있는데 한국영화에 관한 질문을 드리면 술술 풀어져 나온다. 이야기는 꼬리에 꼬리를 물고 이어진다. 안타깝게도 요즘은 보청기를 사용하며 대화는 끊기기 마련이다.

이렇듯 오픈된 분이셨는데 함께 식사를 하기까지는 시간이 걸렸다. 낯가림은 아니고 여러 사람들에게 실망스러운 일들을 겪었기 때문일 것이다. 내게는 부담 없다며 지금은 한 주일에 두세 번은 식사를 함께 한다. 식사는 단골집이 정해져 있는데 불고기, 미역국 등으로 한정되어 있다. 단골집이 있다는 것은 그만큼 신뢰가 쌓였고 아는 이들의 가게를 이용해주는 일종의 의리이다.

이 회장은 새 사람을 알기보다는 기존의 지인들을 자주 만난다. 정기적으로 연락을 취해 요일을 정해 함께 식사를 한다. 지인들에 대한 관심이 그렇게 만든 것인데 일종의 식사 단골손님인 셈이다. 해외에 살다가 귀국하는 이들은 꼭 챙겨 만난다. 이제는 고인이 된

이우석 회장과 최인호 작가

분들이 많은데 김종필, 최배달, 김운용, 최인호 등이었다.

신뢰에 대한 믿음으로 그의 주변에 많은 지인들이 있다. 그들은 한결같이 이 회장을 존경하며 흠모한다. 이 회장의 지인들 배려는 끔찍하다. 첫 번째, 결코 폐를 끼치지 않는다는 것이다. 집으로 바래다 드리려 하면 지하철역 입구에서 먼저 등을 떠밀며 안녕 인사를 한다. 둘째, 결코 식대, 커피값 계산을 못 하게 한다. 심지어 화난 얼굴을 하시니 어쩔 수 없이 양보를 하게 된다. 셋째, 절대 청탁을 하지 않으며 정직하게 산다. "나의 '빽'은 정직."이라는 말은 그의 인생 모토이다.

이에 대한 사례는 무수히 많다. 이루 다 열거할 수 없을 정도인데 심지어는 검찰 조사를 받으면서도 종종 어른인 부장검사에게 일절 말하지 않았던 그이다. 넷째, 기부를 아끼지 않는다. 대한노인회 및 문화공보부 퇴직 직원들의 모임인 문화회, 그리고 불우 영화인들에 대한 기부는 소문 없이 기억 원을 아낌없이 기부한다.

이것은 재산이 많기에 가능한 것이 아니고 마음이 부자이기 때문이다. 그만큼 마음이 넓다는 것이다. 고급 승용차가 있지만 대중교통을 이용하며 간혹 식사시간을 넘기게 되면 기사에게 오만 원권을 건넨다. 식당에서의 팁도 그만의 습관이다. 서비스 제공에 대한 답례이다.

다섯째, 스스로 카톡으로나마 하루 인사를 먼저 전한다. 이 회장의 휴대폰에는 수많은 분들의 인사가 쇄도해 있다. 이 회장은 그것들에 대한 답신을 일일이 직접 하는데 첨 보는 분들이라면 신기함을 넘어 놀라울 뿐이다. 이러하니 누구라도 이 회장의 배려에 고개 숙이게 되고 부르면 무조건 나가게 된다. 이것은 타고난 것이 아니라 사회생활을 하며 몸에 밴 버릇일 것이다.

상황이 이러니 이 회장님을 계속 만나며 나는 그의 인품에 절로 감화가 된다. 이 회장의 기억력은 놀라울 정도이다. 과거의 영화인생에 관한 기억은 명확하다. 적어도 그의 삶은 쉼이 없는 듯하다. 한가하게 구청에서 운영하는 책 있는 커피숍에서 커피라도 드실 때면 책을 꺼내 보신다. 적은 활자를 읽으시는데 또래 어르신들에게

서는 볼 수 없는 장면이다. 아직도 신문 구독을 하시는데 쉽지 않은 일이다. 평소의 건강관리가 그를 건강인으로 만드는 것이다.

좋은 점만 열거한 것 같은데 그의 일상이 모두가 그렇다. 집의 가사도우미를 대하는 것을 보면 가족과 같다. 밖에서 저녁식사라도 한다면 가사도우미에게 연락해 퇴근하도록 연락을 주신다. 살면서 많은 분들을 만났지만 그와 같은 분은 본 일이 없는데 자주 접하며 보고 들은 내용이다.

양재천 산책길에

## 건강 비결

건강 비결은 개인마다 갖고 있는 건강 지키기 노하우이다. 이우석 회장의 건강 비결을 한 마디로 요약하면 바로 '노력'이다. 이 회장은 항시 즐거운 마음으로 건강을 염두에 두고 틈만 나면 운동을 꾸준히 한다. 하루 5천 보 걷기와 300회 뒤꿈치 들기 운동, 규칙적인 식사 실천이 오늘날 이 회장의 건강비결이다. 누가 그를 90세 노인이라 하겠는가?

이우석 회장의 건강비결이라 함은 운동과 더불어 규칙적인 생활과 끊임없는 자기 관리이다. 매일 5천 보 이상 걷기를 하며 아프기 전에 병원과 한의원을 찾아 관리를 받는다. 90세를 바라보며 신체가 절로 건강할 수는 없다. 여러 기능이 고장 나기 마련인데 미리 대처하여야 한다.

뒤꿈치 들기는 아무 때나 아무 곳에서나 할 수 있는 간편 운동이다. 횡단보도에서 막연히 신호등을 쳐다보며 있기 마련인데 이 회장은 뒤꿈치 운동으로 기다림을 대신한다. 이러한 부지런함이 그의 건강 지킴이 원칙이다. 흔히들 팔굽혀펴기 운동으로 건강을 유지한다지만 상체보다는 하체 훈련이 중요하다.

WHO(세계보건기구)에 따르면 하루에 30분 운동하고 한 주에 5일간 운동을 권장하는데 이 회장은 이를 철저히 준수한다. 운동에 관해서 골프를 뺄 수 없다. 지금은 연습 없이 라운딩을 하지만 젊어서부터 꾸준히 해온 운동이다. 젊어 고생을 사서 하던 시절부터 부지런히 살았던 것이 구순을 바라보는 지금까지 건강을 지킨 원동력이 되었을 것이다.

건강관리에서 중요한 것은 마음가짐이다. 장수에 대한 애착보다는 마음을 비우고 주어진 수명에 대해 겸허히 수용하며 생활하는 것이다. 걱정거리가 없을 수는 없지만 지나친 우려를 배제하고 편안함을 유지하는 것이다. 가정이 편안해야지 삶이 편안하다는 것이 그의 지론이다. 그런 점에 그는 다복하신 분이다. 자손들이 잘 커

2023순천만국제정원박람회에서

주었고 주마다 찾아와 문안을 드리니 더없이 행복한 삶이다.

이 회장의 지인인 태권스타 바비 김 그랜마스터는 항상 "알았어요^^"라고 답한다. 그러한 긍정적인 마인드가 건강한 정신을 만든다. 이 회장 역시도 그러한 긍정적인 마인드로 일상 생활을 하니 젊게 사는 것이다. 나이는 들지만 생각하는 것은 본인 하기 나름으로 얼마든 바꿀 수 있다. 그러한 정신가짐이 더 늙지 않는 비결이다.

보청기는 노인들의 필수품이다. 그런데 완전치는 않아 사용이 꺼려지는데 그래도 있어야 소통이 가능하다. 주로 상대가 말하는 입 모양을 보며 대충 말을 이해한다. 그래서 얼굴 표정을 보며 소통

횡단보도 신호등 앞에서도 이우석 회장은 운동을 한다.

이 가능하다. 이도 적응하기 나름이다. 나이 듦에 따라 안보이고 안 들리는 것은 순응해야 할 일이다.

불편을 감수하는 것은 노년의 덕목이다. 그러한 너그러운 마음이 장수의 비결이다. 이 회장이 보여주는 관대한 마음가짐은 그가 평생 살아온 생활철학을 보여준다. 남의 험담을 않고 보지 않은 것은 전하지 않는 그에게 적이란 생길 수가 없다. 평생을 정직하게 살아온 철학을 고수하며 오늘도 허허 웃으며 하루를 지낸다.

평생 친구 정진우 감독과 함께

# 이우석 회장과 원로 영화인 송년회

이우석 회장님과 원로 영화인 송년회가 2022년 12월 15일에 퇴계로 오발탄 식당에서 있었다. 오늘 모임은 이우석 회장의 회고록 기념식에 참석 못한 영화인 원로분들을 위한 자리이다. 그러나 기상 뉴스와 안전문자로 계속 전달된 눈 예보로 14명만이 참석하였다. 1984년 공로영화인으로 선정된 70여 명 중 18명만이 생존하였다. 오늘 그중 12명이 참석한 것이다.

참석자는 이우석 회장, 정진우 감독, 마용천 조명감독, 이재웅 녹음감독, 전조명 촬영감독, 한상훈 화진영화사 대표, 안상우(안상일) 촬영감독, 김성찬 녹음감독, 양춘 양다리 사장, 구중모 촬영감독, 이금복 제작부장, 그리고 올해 102세의 송일근 배우, 그외 나와 영화인복지재단의 미스 박이다.

불참자는 건강과 해외 거주 때문인데 이석기 촬영감독, 김지미 배우, 강범구 촬영감독, 김석훈 배우, 윤일봉 배우, 박승배 촬영감독 등이 불참했다. 이들의 평균연령은 85세 이상일 것이다. 이제 이들이 돌아가신다면 우리 영화역사 증언자는 사라지는 것이다. 그래서 오늘 모이신 분들이 한국영화사에서 차지하는 비중은 너무도 크다. 송일근 배우는 102세로 축하 꽃다발을 준비해 이우석 회장에게 안기었다. 88세도 많은 나이가 아닌 순간이다.

정진우 감독은 "미수(米壽)라고 야코죽지 말라"고 당부하셨다. "88세, 지금부터 시작이야!"라는 말에 모두 박수로 화답하였다.

오늘 메뉴는 양과 대창이다. 나는 먹지 않는 음식인데 그래도 의미있는 자리이기에 기꺼이 맛을 보았다. 정진우 감독을 비롯한 다른 분들은 맛있게 드셨다고 한다. 오늘 식대 지불을 하고 신년 기념으로 천만 원을 희사하기로 약속하셨다.

전체 촬영을 마치고 밖으로 나오니 눈발이 드세졌다. 일부는 인근의 커피숍으로 향하고 다음의 만남을 기약했다.

이우석 회장의 회고록 출판기념회에서

이우석 회장 어록

## 나이를 살 수 있다면

장수에 대한 갈망은 누구에게나 존재한다. 그러나 마음대로 될 수 없는 일이다.

그러나 장수의 방법은 있다. 누구나 아는 상식적인 일이지만 꾸준히 운동하는 일이다. 적당한 식생활로 칼로리를 소모하고 신체가 부담을 갖지 않게끔 운동하는 것은 우리 삶에서 필수이다. 운동 후 사우나를 하고 스트레스를 줄인다면 누구나 건강을 유지할 수 있다. 그러한 습관적인 일상을 도모한다면 장수도 가능하다.

일생에 이루어 놓은 성과는 개인별로 다르지만 자신의 현재에 만족하며 자신의 삶을 즐길 줄 아는 지혜도 필요하다. 가진 이가 한 푼 더 벌려고 아등바등하는 인생은 슬기롭지 못하다. 얼마 전 이우석 회장을 따라 그의 고향인 성주를 방문했다.

경북 성주는 인구 4만 5천 명의 군이다. SRT로 1시간 20분 거리인 김천역에서 내려 차로 30분 거리이다. 참외의 주산지로 알려져 있고 최근 사드기지로 세인의 주목을 받은 곳이다. 이곳에서 태어나 초등학교를 다녔고 부산을 근거지로 살다가 서울에서 본격적인 영화사업을 시작했던 그이다. 고향은 누구에게나 소중하기에 그는 후학들을 위해 거금 1억 5천만 원을 쾌척했다. 그의 삶의 발자취는 모범적이다.

이우석 회장은 1960년대부터 외화수입을 하며 1970년대 무예영화를 시작으로 한국영화를 제작했다. 이소룡 이후 홍콩 골든하베스트사 영화를 수입하며 홍콩영화 전문의 독보적인 영화사로 자리했다. 성룡은 동아수출공사의 홍보대사 격이다.

한국영화 제작에 있어서도 그는 많은 상을 받았고 외화수입도 흥행작이 많아 동아수출공사는 굴지의 영화사로 자리 잡았다. 그가 제작한 〈애수의 샌프란시스코〉와 〈황혼의 만하탄〉은 1974년 미국 올 로케이션 영화이다. 역시 1985년 미국 올 로케이션으로 제작한 배창호 감독의 〈깊고 푸른 밤〉은 그해 최고 흥행 및 이듬해 대종상 작품상을 수상하여 흥행과 작품성의 두 마리 토끼를 다 잡은 격이었다.

이렇게 세상 부러울 것 없는 그도 한국영화사를 연구하는 내게 부러워하는 것이 있다면 바로 건강이다. 하루에 두 시간 이상을 운동에 투자하는 나를 보며 "내가 그 나이면 세상 부러울 것이 없겠다."는 그이다. 나의 인생의 모토는 "내 인생 내가 살고 내 건강 내가 보호"이다.

운동은 취미를 붙이기까지 여간 까다로운 친구가 아니다. 세상의 귀찮은 것이 운동일 수 있다. 적성에 맞아 여러 운동을 취미 삼지만 무거운 쇳덩이를 가까이 하는 일은 보통 피곤한 일이 아니다. 뛰기라도 한다면 안 하던 이들은 단 10분도 견디질 못한다. 요즘 많이 하는 요가는 아예 엄두조차 나지 않는 종목이다. 하지만 많은 어르신들이 이런 운동을 접하고 취미를 붙여간다. 그것은 바로 운동이 백약보다 좋기 때문이다.

나의 경우도 지방대에 근무하며 자취생활을 하다 보니 없던 지병이 생겼다. 늦은 시간까지 연구실에서 교안을 만들고 저술 활동을 하며 세상의 스트레스를 겪으면 당연한 일인지도 모른다. 지금 운동하는 건 지금 건강하기 위해서가 아니다. 10년 후의 건강을 내다보며 하는 시간 투자이다.

이우석 회장 어록

# 폐를 끼치지 말라

"폐를 끼치지 말라." 이 말은 이우석 회장님이 자주 하시는 말이다. 하루를 마감하며 모셔다 드린대도 아니라고 "여기서 가시라."고 정거장 앞에서 헤어지자고 하신다. 상대를 배려하는 마음이 너무 과하신 편이다.

언젠가 오래된 일이지만 공무원 상납 투서 건으로 신필름의 신상옥, 태창흥업의 김태수, 동아수출공사의 이우석 세 분이 검찰조사를 받았다.

그중 두 분은 법정구속되었고 이 회장은 무죄로 판결받았다. 그리고 이 회장이 성산 이씨 화수회 회장인 대검차장에게 인사하러 갔는데 담당인 김 검사와 차장실 문앞에서 마주쳤다. "여긴 웬일이요?"고 묻자 이 회장은 "김 차장님이 내 친척분이라 인사왔다."고 말했다. 김 검사가 깜짝 놀라 쳐다보며 "진작에 얘기하지."라고 해서 "무슨 잘못을 했어야지 얘길 하죠."라고 웃으며 답했다고 한다.

이건 한 예이지만 그는 결백하게 평생을 살아오셨다. 남에게 피해를 주었다면 외화수입 혼자서 다 한 듯한데 그 역시도 그만큼 쌓은 신뢰관계가 있어서였지 다른 편법을 쓴 것은 아니라고 한다. 고향분들 가운데 유명인사를 찾아가 부탁을 드린 적이 없다는 그이다. 그저 세상사에 순응하며 물 흐르듯 살아오신 것이다.

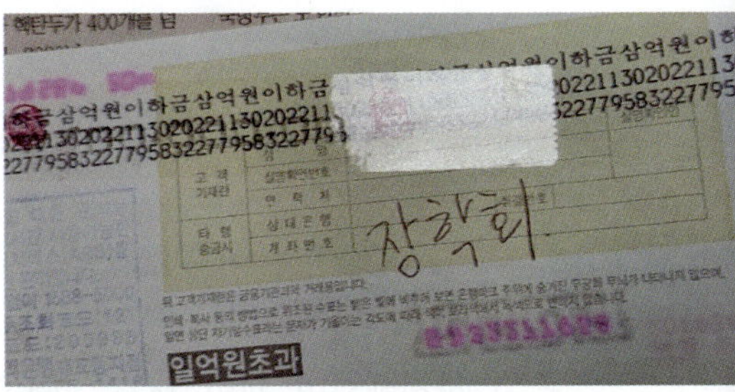


문화부 공무원들의 모임인 문화회 모임에도 영화인 중에는 유독 혼자만 가입되어 있는데 공무원들에게 그만큼 믿음을 주었기 때문이다. 이번에 문화회에 장학금 3억 원을 희사한 것도 감사 표창도 거부하고 비밀로 할 정도이다. 알릴 법도 한데 절대 그렇게 안 하신다.

### 이우석 회장 어록

## 돈 벌려고 작정했으면 재벌 됐지

18살에 극장살이를 시작해 영화계에서만 70년이시다. "돈 벌려고 작정했으면 재벌 됐지" 그동안 또 다른 사업의 기회도 있었지만 오로지 외길 인생을 사셨다.

생수 사업 등의 기회가 있었지만 동업자가 사망하면서 "영화 하라는 계시다"라고 생각했다고 한다. 영화인으로서는 외화수입, 영화 수출 및 제작, 극장 운영, 당룡(김태정) 캐스팅 후 홍콩에 추천, 영화

합작, 현재는 인천의 영화 촬영스튜디오 운영 등 영화계에서는 안 해본 일이 없다.

〈소림사 18동인〉 등의 대만영화를 수입해 소림사 시리즈를 알린 것도 그이다. 〈사망유희〉에서 당룡을 캐스팅해 홍콩에서 2년간 호텔에 숙박시키며 완성시켰다. 〈미워도 다시한번〉 시리즈를 대만에 수출해 대만의 영화 중계인 고인하 씨 좋은 일도 시켜주었다.

험악한 영화계에서 70년간 일하며 싸움 한번 없었으니 그는 매사에 양보하며 싫은 소리 한 번 안 했기 때문이다. "원도 한도 없이 살았다." 자신의 삶을 회고하며 하는 말이다. 그는 올해도 원로영화인 송년회를 전액 후원한다.

식사 중에 전화가 와서 받는데 "윤 회장!" 하신다. 통화 후 윤일봉 배우의 전화라며 송년회 후원 감사 인사라고 하셨다.

## 이우석 회장 어록

# 부인이 최고야

이우석 회장님은 평소부터 사모님을 끔찍하게 아끼신다. 오늘도 혼자 계실 사모님 때문에 일찍 들어가셔야 한다며 저녁을 뚝딱 드셨다.

자식들 다 필요 없다며 "부인이 최고야"를 연발하신다. 사실 맞는 말인 게 자식들 모두 성장하여 시집, 장가가면 독립해서 사니 집에는 덩그라니 둘만 남는다. 사는 재미가 적어지는 것이다. 그래도

부인은 끝까지 곁을 지켜주니 최고일 수밖에 없다.

오늘은 퇴근길에 비가 내리기 시작했다. 겨울비는 쓸모없이 술만 부른다. 이 회장님은 비오는 날이라 막걸리 한 잔이 당기신다며 한 잔을 건배하셨다. 막걸리는 차가운 것보다 뜨거운 물에 담가서 덜 차갑게 해서 드신다. 겨울이라서 남다른 막걸리 주법이다. 코다리찜과 더불어 들기름 두부구이로 막걸리 한 통을 금방 비웠다.

이우석 회장 어록

## 정직이 '빽'이다

"정직이 '빽'이다."란 말은 그의 인생 모토이다. 살면서 정직함을 잃지 않았던 그는 결국 성공한 영화인이 되었다. 지금까지 누구에게 부탁 한 번 안 하고 살아온 그이다. 청탁할 인맥이 없어서도 아니다. 정직함만이 부끄럼 없는 생활자세이고 남에게 피해를 줄 일이 없는 것이다.

일제강점기에 일본에서 살면서 일본인들에게 모질게 차별받으며 고생을 해서일까? 소학교 시절 같은 반 일본인 학생들의 왕따와 폭행을 겪은 그이다. "항복하라!"는 그들에게 맞서 싸우다가 심한 코부상까지 당했다. 그래도 끝내 항복하지 않고 지내다가 해방을 맞아 귀국했다.

그리고 우직하게 지켜나간 성실함과 배려심, 정직함은 자연스럽게 갖게 된 마음가짐이다.

그러한 마음가짐으로 영화계에서 통용되던 어음 거래도 딱 한 번만 하고는 현찰로 지급을 했다. 가난한 영화인들의 사정을 잘 알기에 솔선수범한 것이다.

"정직이 '빽'이다."라며 지금도 항상 그 말을 되뇌이며 살아온 인생을 음미한다. 지금도 주변의 어려운 이웃들을 보살피며 남몰래 기부를 이어가고 있다. 내일 있을 영화인 원로 모임에도 또 무슨 선행을 실천하실지 기대해본다. 이러니 이 회장님과 자주 만나며 절로 존경심이 들지 않을 수 없다.

날씨가 추워졌음에도 운동 겸하여 저녁식사를 하시고 매봉역 사거리를 나섰다.

당시에는 대명제작이 성행했지만 그는 올곧게 자체 제작만으로 의무제작 편수를 채웠다. 편법이 판치던 영화계에서 그는 자신의 철학을 고수했다. 그러니 타인과 시비 붙을 일이 없었다. 폭력과 고소, 고발이 난무하던 시절, 슬기로운 사회생활이었다.

정직이라는 철학은 어린시절부터 가정교육을 받은 결과이다.

일제강점기를 살며 혹여 잘못될까 봐 더더욱 모친의 교육은 철저했다. 이런 가정교육으로 그는 평생을 정직, 솔직, 강직하게 살았다. 군 미필도 일제강점기에 입은 장애로 인한 것이었다.

영화계에서 활동하며 수많은 정계, 법조계 권력자와 지인들을 사귀었지만 그들에게 사업적인 부탁을 단 한 번도 하지 않았다고 자부한다. '빽' 그라운드가 성행하던 그 시기에 특이한 일이 아닐 수 없다.

대종상 수상을 위해 로비가 난무하던 시절에도 그는 일체 여러 제안에 응하질 않았다. 그저 타인들이 공정히 심사하여 주는 상을 받았을 뿐이다. 그래서 당시 가장 많은 해외 수상기록을 갖고 있다.

뇌물죄로 여러 제작자들이 수사를 받았지만 그만이 무혐의로 풀려났다. 생애 법인카드를 단 한 번도 사용하지 않았다는 데는 의아할 뿐이다. 사적인 식사도 했겠지만 사업적인 만남도 많았을 것이기 때문이다. "과연 그럴 수 있겠나?"를 넘어서 병적이라고 할 수밖에 없다.

1951년 친구와 함께 당시 이우석 회장은 17세였다.

이우석 회장 어록

## 그럼 죽으란 말이야?

"그럼 죽으란 말이야?"는 88세를 맞은 이우석 회장님이 하시던 말이다. 이 회장님뿐만이 아니라 이 땅의 어르신들이 흔히 하는 말이기도 하다.

이 말에서 우리는 삶에 대한 강한 의지를 느낄 수 있다. 무위도식하며 그냥 안주할 수는 없다는 결연한 의지가 느껴지는 표현이다.

그 연세가 되면 온갖 병마와 싸우고 일상생활을 하며 애로사항이 한두 가지가 아니다. 그런 그를 처음 만났을 때 내가 그 나이와 건강에 대한 이해를 잘못했다. 별 말씀을 안 하시니 지나치게 건강하게만 본 것이다. 20년 차이가 나지만 건강관리 잘 하시는 것으로만 생각했다. 외견상으로 보아서는 형님으로 부를 만하다. 그러나 나이 차가 있으므로 그냥 회장님으로 부르고 있다.

그러나 만남이 잦아지면서 자연 건강이 화제가 되었고 이런저런 이야기를 듣게 되었다. 내가 이 회장님을 지나치게 건강하게 본 터이라 의문을 제기하자 곁에 계시던 C대표에게 들었던 말이 "그 나이 살아봤어?"이다.

나이 들다 보면 힘든게 한두 가지가 아니다. 한국인들에게 가장 흔한 당뇨와 불면증은 누구에게나 생긴다. 일상의 애로사항이라면 일단은 체육관 입회가 안된다. 나이 탓이다. "아니 그럼 죽으라는 말이야?" 푸념이 절로 나오는데 체육관의 입장은 완강하다. "운동할만하니 입회하려는 것인데 왜 그러느냐? 배가 부르다"고 해도 절레절레 하며 사정을 토로한다. 목욕시에 사고가 있을 수 있다는 것이다.

이 회장님은 불편을 감수하고 강북의 롯데호텔 스포츠센터까지 가야만 한다. 이 호텔의 신격호 회장이 선물한 평생회원권의 사용기한이 2079년까지라서 144세까지 이용이 가능하다. 오래 살라는 뜻이 담겨있을 것이다. 이 카드를 본 직원들은 깜짝 놀란다고 한다. S회장은 이 회장과 15살 차이이다. 일본 방문할 때면 만났던 사이이다. 막역한 사이라서 L호텔이 오픈하자마자 선물한 것이다.

그래서 L호텔을 다니는데 강남에서 강북까지 평일에는 자가용, 휴일에는 지하철로 오가는 것이다. 이것이 뭐가 힘들까 싶은데 시간이 그만큼 걸리므로 쉽지 않은 일이라서 양재동의 OO사우나를 가신다. 몸이 차가우니 사우나를 즐기며 정시에 식사를 하시고 단백질 섭취를 거르지 않으며 하루에 5천보 걷기는 그의 장수 비결이다.

의지의 한국인인 이우석 회장은 체육관 입회가 안된다 하더라도 나이를 뛰어넘어 나름의 운동을 꾸준히 하며 조금은 힘들지만 그렇게 건강을 잘 유지하신다. 평생 온갖 부정적인 상황을 슬기롭게 극복하면서 살아오신 것처럼이다. 조금 힘들다는 것은 결국 자제력 이야기이다. 평소에 막걸리를 약이라고 생각하며 드셨는데 올해들어 한 잔으로 자제하시는 정도이다. 100세 시대를 맞아 화이팅입니다!!

이우석 회장 어록

## 십 원 한 장도 못 가져간다

"십 원 한 장도 못 가져간다."는 어르신 누구나 할 수 있는 말이지만 노블레스 오블리주(Noblesse oblige)의 실천은 쉽지 않다. 죽기 전에 전 재산을 사회에 환원한다는 말은 쉽지 않다.

어르신들은 자신이 번 돈을 다 쓰고자 하지만 나이 들어서는 불가능한 일이다. 단골집을 다니며 쓴다 한들 이우석 회장의 경우 절대 불가능하다. 식대로 하루 10만 원 쓰기가 어려운데 한 달이래야 300만 원, 1년이라면 3,600만 원이다. 그외 지출금도 별로 없다. 검약하기도 하지만 살 것도 별로 없다. 나이 들어서는 술과 도박에 빠지지 않으면 쓸 수 없는 돈이다. 그가 암만 쓴다고 해도, 많이 벌어놔서가 아니라 쓸 수 없는 돈이다.

젊어서 타인의 부탁을 들어주며 돈을 떼인 일이 있지만 이제는 그런 부탁을 해오는 이도 없다. 이 회장은 돈은 빌려주되 꼭 받을 생각이 없는 듯하다. 그렇기에 그 많은 채무자가 거론된다.

빌려간 돈을 제대로 받은 적이 없다는 그이다. 그의 넉넉한 인심 때문만은 아니라는 생각이 든다. 영화로 번 돈이니 영화인들에게 나눔을 실천했다고 생각한 듯하다. 지금도 연말이나 명절 때에는 함께 활동했던 원로영화인들을 모아 식사 대접을 꼭 하는 이 회장이다.

그래서 일찌감치 기부를 생각했다. 자신이 공교육을 받지 못한 것에 대한 스스로의 치유일 수도 있다. 요즘에야 그런 일이 드물지만 자신과 같은 불우한 청소년들에게 교육의 기회를 제공하고자 한 것이다.

그는 한참 전부터 기부를 실천해오고 있다. 고향인 성주에 장학기금 1억 원을 시작으로 대한노인회에 1억 원, 문화공보부 퇴직자 모임인 문화회에 3억 원 등 내가 아는 것만도 수억 원을 기부했다. 대한노인회는 그 기금으로 매해 개최되는 노인복지대상에 소암 이우석 공로상 부문을 신설해 시상하고 있다. 돈은 벌기보다 쓰기가 어렵다는

2023년 제2회 대한노인회 노인복지대상 소암 이우석 공로상을 시상한 이우석 회장

데 실로 어려운 일이다. 그렇게 보람있는 일을 하고도 절대 내색하는 법이 없다. 그저 남 모르게 사회에 드러나지 않게 조용히 선행을 베푸는 것이다. 이 얼마나 숭고한 일인가? 존경받아 마땅한 일이다.

이 글을 쓰는 내게는 어떠할까? "안 교수는 부담이 없다."는 그이다. 물론 자녀 결혼식에 축의금을 받기는 했지만 나 역시 돈 이야기를 꺼내 본 적 없다. 그래서 부담없는 사이가 되었고 지금 이 글까지 쓰게 되었는지도 모른다.

이우석 회장 어록

## 우리나라 너무 잘살아요

"우리나라 너무 잘살아요." 이 말은 일제강점기 이후 한국전쟁 시기를 살았던 분들이 하실 수 있는 말씀이다. 당시와는 비교할 수 없을 정도로 발전된 이즈음이다. 발전의 속도가 더디어진 지금이지만 엄청스러운 발전이다. 한국전쟁 참전 16개국의 도움이 없었더라면 대한민국은 지구상에서 사라진 나라였다. 지금은 그 16개국의 대다수 나라보다 더 잘살고 있는 대한민국이다.

오늘의 이 번영은 그 시대, 땀 흘리고 노력한 결과임을 누구도 부인할 수 없다. 나로서도 당연히 긍정하지만 "아직 강북과 강남이 다르고 서울과 지방이 다릅니다."라고 첨언한다.

이우석 회장의 회고는 구구절절 와 닿는 말이다. 그렇기에 대한민국이 이대로 주저 앉아서는 안 된다는 걱정이 크다. 우리는 그 시대를 사신 분들의 노고를 잊지 않고 살고 있다.

특히나 이 회장은 규슈 탄광에 강제징용되어 간 부모 따라 갔다가 소학교에 입학한다. 그리고 같은 학급의 일본인 학생들로부터의 심한 차별을 받았다. 장애를 입을 정도로 맞았던 기억은 영원히 사라지지 않는다. "조센징, 고상, 고상!!!(항복)"하라는 일본인 학생들로부터 코가 비뚤어질 만큼 몰매를 맞았다.

그러나 항복할 이유가 없었고 그는 여러 명으로부터 몰매를 맞은 것이다. 지나가던 어른이 말려 몰매는 끝났다. 단지 한국인이라는 이유로 당한 철없는 몰매의 결과로 온 장애는 평생을 갔다. 단지 한국인이었기 때문에 당한 평생 장애이다. 코가 삐뚤어지고 병원에서조차 치료가 안 되고 결국 코의 기능을 상실했다. 이건 직접 겪어보지 못하면 실감할 수가 없는 고통이다. 한 맺힌다는 것은 이런 것이다. 결과적으로 이런 한이 오늘의 이 회장을 만든 건 아닐까? 실제로 이 회장의 꿈은 일본영화를 능가하는 영화를 제작하는 것이었다. 배창호 감독의 〈깊고 푸른 밤〉으로 아시아태평양영화제에서 최우수 작품상을 받았을 때의 감회는 남달랐을 것이다.

일제의 피해를 본 이런 일들이 이 회장 혼자만의 일이 아니었으니 그 시대를 살지 않았던 많은 이들, 나부터 놀랄 수밖에 없다. 나라 잃은 고통을 교실에서만 배웠으니 복 받은 세대일 수밖에 없다.

그러한 피지배민족의 설움을 겪고 동족상잔의 비극과 경제개발, 혁명과 독재 아래 온갖 수난을 겪어내신 어르신 세대의 노고에 다시 한번 감사드리며 우리는 분명코 대한민국을 더욱 발전시켜 놓을 것이다.

# 5장.

# 이우석 회장의 비하인드

# 이우석 회장의 단골집

단골집이라 하면 즐겨 다니던 곳 특히 식당, 찻집, 각종 가게 등을 말한다. 이우석 회장은 단골집을 심하게 선호한다. 성격상 그런 것이고 마음에 들면 정해놓고 다니게 된다. 대표적으로 식당에 해당된다. 물론 신장개업하면 찾아가 맛을 보고 단골집 판정을 내린다. 이렇게 단골집은 변해갈 수밖에 없다. 사는 곳인 강남구 도곡동 근처에 단골집이 자리할 수밖에 없는데 자연스럽게 근처의 맛집들을 단골집으로 삼게 되었다.

단골집이란 다른 분들도 마찬가지겠지만 편하기 때문에 자주 찾게 된다. 아는 이들도 함께 가며 알게 되니 사장님도 특별히 신경을 써주고 그만큼 대우를 받기도 한다.

단골식당으로는 도곡동이나 시내 중심가 일대에 여럿 있다. 도곡동에서는 사리원 불고기집, 두코(두부 코다리 집), 백마 김씨네, 효미역국, 복국집 등을 손꼽을 만하다.

카페는 도곡동의 커피맛집인 비노비코를 자주 간다. 집 근처이기도 하지만 커피라떼가 맛있어서 자주 들른다.

단골 산책로는 역시 양재천 길이다. 인근의 양재천을 걸어서 매봉산 아래까지 둘레길 삼아 한 바퀴 돌면서 하루 삼천보를 채운다.

이발은 양재동의 궁전사우나, 롯데호텔 피트니스센터 내의 이발소를 이용한다. 이렇듯 다니던 곳을 쳇바퀴 돌듯이 다니며 이우석 회장만의 문화를 만들어 가고 있다.

## 제43회 영평상 시상식

2023년 9월 21일 오후 2시부터 서울 프레스센터에서 열렸다. 이우석 회장님이 공로상을 수상했다. 다음은 수상소감이다.

동아수출공사 이우석입니다. 영평상이 벌써 43회를 맞았다니 진심으로 축하드립니다.

제가 일본에서 귀국하여 부산에서 영화인생을 시작했는데 벌써

한옥희 영화평론가와

65년 전입니다. 당시 한국영화가 일본영화에 견주어 많이 낙후되어 있었는데 이를 개선코자 영화제작을 시작했습니다.

그리고 한국영화에 제 삶을 다 바쳐 오늘에 이르렀습니다. 오늘 영평상 공로상 참으로 감사합니다. 한국영화 100년이 더욱 더 발전할 것이라고 생각하며 다시 한번 진심으로 감사드립니다.

# 2024년도 자랑스러운
# 한국인국가발전 문화부문 대상 수상

이우석 회장이 2024년 10월 11일 15시 프레스센터 20층 기자클럽에서 자랑스러운 한국인 국가발전 문화부문 대상을 수상하였다.

'자랑스러운 한국인 대상'은 정치, 경제, 사회, 문화 등 각 분야에서 국가와 사회발전에 일조한 인물을 발굴해 그 업적을 기리는 상이다.

국회출입기자클럽과 대한방송뉴스, 시사뉴스저널이 주최해 매년 개최하고 있다.

# 이우석 회장의 고향 방문

아침에 수서역에서 SRT를 타고 가서 저녁은 서울에서 먹는다. 좋아진 세상에 산다. 일단 1주일 전에 예매했음에도 불구하고 귀경표가 16시 이후론 매진이었다.

이우석 회장의 고향 경북 성주는 사드 기지가 자리해 데모가 끊이질 않았는데 이제는 좀 가라앉은 듯하다.

이우석 회장이 다녔던 초등학교는 이미 폐교되었다. 성주 인구

는 한참 때 12만 명이었는데 지금은 4만5천 명이다.

선산을 둘러보고 도원회 별고을장학회 이사장을 만나 세종대왕 왕자 태실을 둘러보고 귀경했다.

세종대왕 왕자 태실로 오르는 이우석 회장

광주 옛 동방극장 부근에서

## 광주행

이우석 회장님과 가을여행. 열흘 전 예약인데도 이른 시간 표밖에 없다. 옛 동방극장(무등시네마)을 찾아가니 너무도 변해버린 풍경이다.

전남도청 일대를 둘러보고 지산유원지의 모노레일을 타다. 인걸은 간데없고 40년 된 노후 레일은 운행을 멈추지 않고 있다. 그래도 멀리 보이는 1187m의 무등산 풍광은 영원할 것이라 생각해본다.

옛 동방극장(위)과 현 무등시네마

호남대에서 필자와 함께한 이우석 회장

# 호남대에서

호남대 퇴임이 벌써 7년이다. 너무 빠른 세월이다. 이곳의 문화산업경영학과 교수로 재직할 때 내 연구실이 있던 경영대 건물 앞에서 이우석 회장님과 기념 촬영을 했다.

부산 달맞이고개에서

## 이우석 회장과 부산

이우석 회장에게 부산은 고향과 다름없다. 광복을 맞아 일본에서 귀국 후 고향인 성주에서 정착하려 했다. 하지만 부친은 도박판에서 돈을 다 잃고 먹고 살 형편이 안 되어 일자리를 찾아 온 곳이 바로 부산이다.

어린 우석은 부산 동신국민학교에 전입했지만 그마저도 급우와의 다툼으로 중퇴하게 된다. 영화배우 고은아 씨가 동신국민학교의 후배이기도 하다. 참으로 고난의 시절이다.

그는 부친의 막노동으로 식구들이 먹거리가 해결 안되는 형편을 알고 유리가게에 취직한다. 어린 그가 할 수 있는 일은 없으니 그저 심부름하며 가게를 지키는 사환이 된 것이다, 밥이나 먹으며 지낸 세월이 3년이다. 그는 사장에게 독립하겠다고 말하고 서울로 올라온다. 그리고 을지로 입구의 방산시장 근처에서 하숙하며 유리가게에 취직하여 본격적인 사회생활을 시작한다.

동신초등학교

모교를 방문하면 이우석 회장은 그 시절로 돌아가는 듯하다.

제1회 우석 동행문화상 시상식에서

## 숨은 선행, '우석 동행문화상'

2025년 2월 26일 서울 서초구 국립국악원 우면당에서 제1회 '우석 동행문화상' 시상식이 개최되었다.

이 상은 2022년 이우석 회장이 문화회에 3억 원을 쾌척하며 계획되었는데, 문화창달에 기여한 공직자를 격려하여 함께 가는 행복을 기리기 위하여 제정되어 이날 첫 시상을 하였다.

제1회 수상자로는 고 정윤찬 한국정책방송원 서기관, 고 윤준호

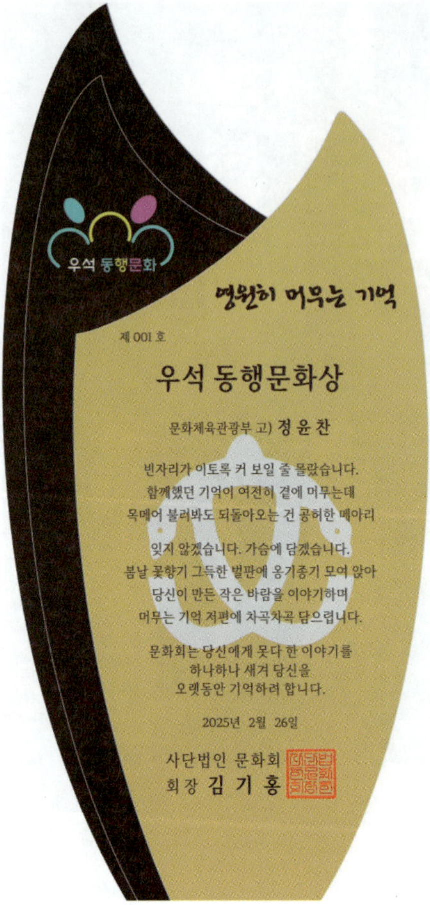


우석 동행문화상의 상패

문화체육관광부 국립중앙극장 공업사무관, 고 황진주 국가유산청 공업주사이다.

시상식에서는 유족들이 각각 상패와 상금 300만 원씩을 받았다.

6장.

# 이우석 회장의 지인들

이두용 감독과 함께

## 이우석 회장이 만난 분들

"사회에 나와선 사람을 잘 만나야 해. 인연이 중요해."

이 말은 이 회장이 늘상 하던 말이다. 그만큼 많은 지인과 친우들을 가진 분도 드물다. 그것은 성공의 비결일 수도 있는데 그들로부터 듣는 정보와 교양을 통해 자신도 인간적으로 수양을 하게 되기 때문이다.

우선 영화계에선 오랜 기간 활동하며 일제강점기와 한국전쟁기를 지나고 일했던 모든 분들에 대한 에피소드가 있다. 한국영화사 연구가인 나도 모르는 분들과 이름만 들었던 분들이다. 들은 이야기를 전하지 않는다는 신조로, 보지 않은 것에 대한 전언을 삼간다는 철칙으로 남과 다툴 일이 없는 그이다. 그래서 믿음을 더하는 그의 말들이고 생존하여 만나는 분들을 보며 이 글을 정리해본다.

과거 영화 제작자들은 거의가 별세하여 지금 만나는 분들은 정진우 제작자 겸 감독뿐이다. 손아래인 이두용 제작자 겸 감독도 2024년에 별세하였다.

10여 년 넘게 지켜본 바로 그가 현재 만나는 영화인은 김동호 위원장, 신영균 배우, 정진우, 이장호, 배창호 감독, 정일성, 구중모 촬영감독, 김두호 영화평론가, 배우로는 이해룡 영화인 원로회장 등이다. 누구나 다 마찬가지겠지만 나이 들어서는 만나던 분들만 만나게 된다.

원로 영화인 송년회 (2022년 12월 15일)

그의 지인들의 구심점은 고향인 경북 성주 분들이다. 심산 김창숙 선생의 숭모제에 참석하며 '조선의 마지막 선비이며 유림을 대표했던 독립운동가'인 그분의 유지를 받들고 있다. 실제로 1960년대에 김창숙 선생을 매주 찾아뵈었고 훗날 내게 선생의 다큐멘터리 제작을 권하기도 했었다. 그것은 선생을 진정 존경하기에 가능한 일이었다.

심산김창숙기념관 기공식에서(2008년 12월)

제5회 숭모작헌례를 마치고 박관용 전 국회의장(가운데), 이윤기 전 의원과 함께

이 회장의 고향인 성주군 초전면의 선배인 이윤기 전 의원은 현재 해동학회를 이끌고 있어 매주 사무실을 방문한다.

이수빈 전 삼성생명 회장은 성산이씨 정언공파 친척이다. 삼성비서실장을 거쳐 삼성경제연구소 상임고문을 거쳤다. 조카 항렬로 아재라고 부르며 가까이 지낸다.

서석준 경제부총리는 고향 후배로 1983년 미얀마 아웅산묘지 테러사건으로 안타깝게 순직했다. 그가 좋은 사업을 소개해준다고 했지만 절대 그렇게는 안 한다고 해서 서 장관도 더 이상 권하지는 않았다. 고향을 갈 때마다 그의 기념관을 방문한다.

성주 출신으로 아직도 성주에 사는 도원희 회장은 성주 갈 때마다 만나는 지인이다. 삼성에서 근무했고 아직도 고향을 지키고 있는 성주 부자 집안이다.

이건상 산림조합장(오른쪽)은 이 회장의 고향 일을 도맡아 하는 고향 후배이다.

진종호 세계통합무술연맹 총재는 고향 후배로 그의 요청으로 명예총재에 추대되었다.

재경성주향우회 분들은 골프 월례회를 갖는 등 활발히 모임을 갖고 있다. 한상칠 전 향우회 회장도 아끼는 후배이다.

초전면재경향우회와도 해마다 함께 고향 방문을 함께 하고 있다. (초전면향우회에서 인사하는 이우석 회장)

부산은 제2의 고향으로 해양대 출신 등 교유했던 벗이 많다. 최해규 회장(오른쪽에서 두 번째)은 청소년기에 부산에서 만나 평생을 교유하는 절친이다. 한동안 여행을 함께 하는 벗이기도 했다. 서울시청 앞에서 약국을 운영하며 이 회장을 뒷바라지했다고 한다.

부산 대신동 출신으로 김영삼 의원의 비서실장을 지냈던 김형경 의원도 친하게 지냈는데 지금은 소식이 두절되어 아쉬울 뿐이다.

최문휴 국회도서관장은 덕신공사 사장의 아들인 배건호의 연세대 동창으로 입학식에서 알고 지내왔다. (왼쪽부터 이규석 전 국민대 총장, 최문휴 회장)

정장환 사장(왼쪽)은 부산 시절부터 알고 지내며 평생 만난 후배이다. TV 프로그램 수입과 영화 제작을 하며 이 회장을 만났다.

이 회장은 사회 저명인사들과의 교류도 많았는데 보통사람들로서는 맺어지기 쉽지 않은 분들을 만나 교유하였다. 노산 이은상 선생도 생전에 자주 많았던 분이다. 가곡 〈가고파〉를 지은 이은상 선생은 작가, 교수, 시인, 사학자인데 선생의 말씀은 삶의 자양분이었다.

민관식 선생(가운데)은 대한체육회장과 문교부 장관을 역임한 분으로 특히 입담이 뛰어났고 발이 넓기로 유명한데 자주 찾아뵈었다.

김영삼 대통령은 의원 시절부터 만나 '대도무문' 휘호를 받기도 했다. 그러나 대통령이 된 후에는 일부러 연락을 하지 않고 지냈다. (김영삼 전 대통령의 '대도무문' 휘호(1986년). 오른쪽에 이우석 동지를 위해 썼다는 내용의 문장이 보인다.)

김운용 세계태권도연맹 총재는 IOC 부위원장을 지냈는데 이우석 회장이 대한태권도협회 이사를 맡게 되어 김운용 총재와 인연을 이어갔다.

이 회장은 김운용 총재(가운데)와 최배달(영의) 극진회 회장과의 만남을 주선했다. 애초에 영화 제작 건으로 최배달을 만났지만 만남이 이어지며 이 회장의 장남 결혼식에도 참석할 만큼 가까운 사이가 되었다.

김재순 국회의장은 그가 영화제작자일 때 제작했던 영화들을 수출하면서 인연이 되어 교유했다. 장녀의 주례를 맡기도 했다.

이만섭 국회의장(왼쪽에서 두번째)도 인연이 깊은 분인데 자녀들이 모두 출가하여 주례를 하지 못해 "내 차례는 언제 오냐?"고 격의 없는 농담을 주고받는 사이였다.

전두환 대통령과는, 이순자 영부인의 고향이 성주이고 선친인 이규광 장군이 성주 사람이라서 몇 번의 골프 회동을 가졌다.

김윤환 의원은 조선일보 주일특파원 시절 공항으로 마중을 나올 정도로 친분이 있었는데 정무장관을 여러 차례 맡았다. 이 회장은 정치인도 아니지만 정계분들과 교유했다. 그러나 단 한 번도 청탁을 한 적이 없다. 영화 제작과 수입이 청탁할 사업이 아니고 그가 올곧게 정직한 신조를 지키며 살았기 때문이다.

이수성 총리도 차녀의 주례를 서줄 정도로 교유했던 분이다. 모두가 건강하여 자주 만났으면 하지만 이젠 안부 전화만 한다.

박관용 국회의장은 심산 김창숙숭모작초헌례에 초헌관으로 모실 정도로 막역한 사이다.

서석재 장관(가운데)은 부산을 기반으로 하는 5선 의원이었다. 김영삼 총재의 민주화운동 동지이다.

재계 인사와도 교유가 많았는데 김낙준 금성출판사 사장은 경북 의성 출신으로 맨손으로 사업을 일군 같은 처지의 입지전적인 분이다.

송세창 회장은 부산 시절부터 알고 지냈는데 삼성 공채1기로 이병철 회장의 비서실장을 역임했다.

외환은행장, 한국씨름연맹 총재를 역임한 김재기 총재도 뺄 수 없는 절친이다. (김재기 총재, 홍재형 전 부총리와 함께)

송정광 전 문공부 위원(오른쪽)은 만난 지 60년이지만 지금도 매주 만나 식사하며 세상사를 논한다.

그밖에 모임이 많은데 로타리클럽, 영록회 등이 있어 부부모임을 가졌다. (영록회 부부동반 모임)

이러한 인간관계는 젊어서부터 시작하여 긴 시간 이어지는데 눈 밖에 난 사람들과는 끊어지기 마련인데 모두가 채무관계 때문이다. 그들이 스스로 나타나질 않는데 알면서도 어쩔 수 없이 벌어지는 일들이다. 그 외는 만남의 귀함을 잘 알기에 긴 시간 소중히 이어져온 인연들이다. 그것은 다음 생을 살더라도 이어졌으면 하는 바람일 것이다.

수시로 만나 오찬을 나누는 지인들

## 이우석 회장의 지인들

이우석 회장의 지인들을 언급한다면 별도의 장으로, 책으로 처리되어야 한다. 그만큼 많은 분들과 끊임없이 교류하였고 현재도 이어지고 있다. 그만큼 많은 분들과 끊임없는 교류가 가능할까 싶은데 하루 두 끼 식사는 꼭 지인들과 하고 있다. 발넓기로 대한민국에서 열 손가락 안에 들 정도이다.

이제는 고령이라서 만날 수 없는 분들이 태반이지만 아직도 그

부산국제영화제 김동호 전 집행위원장과

를 따르는 분들은 많다. 우선 국내로 본다면 영화계, 연예계, 문화계, 정계, 재계, 체육계 인사가 셀 수 없을 정도로 수두룩하다. 세대를 넘나드는데 일일이 이름을 거명할 수 없을 정도이다.

그밖에 고향인 성주의 지인들도 이름난 분들이 많은데 그가 사회생활을 하며 이러한 지인 관계를 만들게 된 것은 지역의 인사들과 교류하며 시작됐다고 해도 무방하다. 그렇다고 호남 분들이 제외된 것이 아니라 DJ측 인사들과의 교류도 많다.

도대체 학연이 없는데 이 같은 현상이 가능할까? 그건 그의 삶의 철학과도 연결된다. 정직을 모토로 부담 없는 교제인 것이다. 부

2023년 고향 성주 방문

탁, 청탁이 없는 순수한 교제를 하였고 그가 베푸는 삶을 살았기 때문이라고 생각한다.

외국분들은 영화 일로 만난 인연이다. 홍콩 골든하베스트사의 레이몬드 초우가 대표적이고 월드스타 성룡도 그의 양아들 같은 존재이다. 최배달도 마찬가지인데 예기치 않은 죽음으로 영화제작은 무산되었다.

교류에서 제외된 분들의 공통점은 스스로가 사라졌기 때문이다. 빚을 안 갚는 인사들은 다시는 나타나지 않았다고 한다. 그러나 그마저도 용서한 이 회장이다.

지금까지 살면서 이 같은 분은 보질 못했다. 대통령이 된다면 더 많은 사람을 만날 것이다. PD였던 나도 수많은 사람들을 만났지만 지속적으로 교류하는 분은 많지 않다. 스스로의 표현처럼 기적의 사나이다.

그러니 더 대단하고 존경받을 이우석 회장이라는 새삼스러운 결론을 내리게 된다. 10년 이상을 가까이서 지켜보며 내린 나의 결론이다.

이우석 회장의 우면동 자택에서

## 이우석 회장과 청년문화

1970년대 중반에 청년문화 운동이 있었다. 김민기, 이장희, 송창식, 윤형주 등 통기타 세대가 목소리를 내며 영화계에서도 최인호 작가를 비롯해 김호선, 하길종, 이장호, 홍파 감독이 주도하며 영상파 운동을 벌인 것이다.

시작은 최인호 원작, 하길종 감독의 〈바보들의 행진〉이었다. 군 입대를 앞둔 젊은이들의 삶을 적나라하게 그려내며 비상구 없는 청

촬영장에서 배창호 감독과 장미희 배우, 정일성 촬영감독

춘 군상들의 아픔을 그려냈다. 캠퍼스의 데모와 통기타, 미팅, 생맥주 등 당대 젊은이들의 기호와 당시의 사회 풍속도를 그려내 호평을 받았다.

이장호 감독은 〈별들의 고향〉 흥행 이후 대마초 파동으로 활동이 중지되었다가 동아수출공사에서 재기작 〈바람불어 좋은 날〉을 감독한다. 청년문화의 연장선에 있는 젊은이들의 좌절과 희망을 그려낸 수작으로 계약된 3편의 영화 중 첫 편이었다. 그러나 다른 영화사와의 계약도 있어 더 이상의 연출작은 없었다. 그러나 이우석 회장은 그러려니 하고 잊어버렸다.

마닐라국제영화제에서 김혜자 배우와 함께

김호선 감독도 〈세 번은 짧게 세 번은 길게〉로 인연을 맺었다. 최인호 작가는 아예 전속되다시피 동아수출공사에서 활동했다. 배창호 감독의 화제작들이 1980년대에 쏟아져 나왔다. 〈깊고 푸른 밤〉, 〈고래사냥〉, 〈황진이〉 등이다. 당시 동아수출공사에서 일하고 싶은 영화인들이 많을 수밖에 없었다. 곽지균, 신승수, 박광수 그리고 1990년대 홍상수 감독 등이 동아수출공사에서 데뷔하였다. 많은 영화인들이 일하고 싶어 했던 곳이 바로 동아수출공사이다. 배우들도 안성기, 강석우, 이미숙, 강수연, 박중훈 등 헤아릴 수 없는 많은 배우들이 출연하였다. 김혜자 배우는 〈만추〉 출연으로 마닐라국제영화제에서 여우주연상을 수상했다.

이 시기가 동아수출공사의 전성기이며 한국영화도 활성화되며 성장하는 시기였다. 해외에서도 수상하는 쾌거 속에서 동아수출공사는 더욱 성장하게 된다.

## 이우석 회장의 친구 사랑

이우석 회장을 영화계로 이끌어준 친구가 있다. 국쾌남 회장의 세기상사 직원이었던 K씨가 그이다. 이우석 회장은 부산에서 극장 입회원으로 알바를 하며 영화계에 첫발을 디뎠는데 그를 은인처럼 생각했다. 이래서 좋은 일을 많이 해야 한다.

그 친구의 도움이 아니었더라면 영화계 유입이 더 늦어질 수도 아니면 영영 인연이 안 맺어질 수도 있었을 것이다. K씨로서야 별 것 아닐 수도 있는 일인데 이우석 회장은 그 덕을 잊지 않고 있었다.

이 회장은 훗날 그를 동아수출공사 부산 지사장으로 발령내고 일자리를 주었다. 그리고 30년 전 전세자금 3천만 원을 무상 지원해주기도 했다. 그가 고인이 된 지금도 유가족의 안부를 잊지 않고 묻는 그는 정말 대단한 분이라고 할 수밖에 없다.

1970년대 초 김포공항을 통해 입국하고 있는 신격호 회장

## 신격호 회장

두 분은 나이 차가 있어서 연분이 없을 것 같았는데 일제강점기 일본에서 살았던 공통점이 있다. 이우석 회장이 영화 수입 차 일본을 방문했을 때 교포인 김광진(국제극장 사장)의 사무실에서 신격호 회장과 만났다. 50여 년 전인데 신 회장은 당시 롯데그룹의 총괄 그룹 회장이 아닌 성공한 교포 실업가였다.

신 회장은 이 회장에게 사업을 권유하며 일본 요구르트 회사의

신격호 회장이 이우석 회장에게 선물한 100년짜리 메트로폴리탄 카드

사장을 연결시켜 주었다. 그러나 이 회장은 영화만을 생각하고 있었던 터라 공장 시찰까지 하고도 거부 의사를 밝혔다. 나중에는 후회도 했지만 당시로는 영화업을 시작한 지 얼마 되지 않아서 어쩔 수 없었다. 우선 영화업을 성공시켜야만 했다. 사업의 기회는 한 번 더 있었다. 바로 생수 사업이었는데 당시 한국에서는 수돗물을 먹던 시절이라서 이것도 포기하고 오로지 영화 수출, 수입업만을 생각했다.

신 회장과의 교유는 계속되었다. 나중에서야 큰돈을 벌 수 있는 기회였다는 것을 알게 되었지만 그것도 운명이었다. 영화만을 고수

하라는 것을 신의 뜻으로 알고 동아수출공사 운영에만 몰두하니 자연 회사도 커지고 사업도 성공가도를 달렸다.

유일한 부동산 투자도 강남 뉴욕제과 건너편에 500평 땅뿐이었다. 그것은 극장 부지를 마련하기 위함이었다. 그리고 강남역이 생기고 공사를 시작하여 동아극장을 오픈했다.

신격호 회장은 1979년 중구 소공동에 38층짜리 롯데호텔을 세우고 백화점도 오픈하는 등 정부의 배려로 성장하는 시기였다. 신 회장은 호텔 내 피트니스 센터를 만들자 평생회원권인 메트로폴리탄 카드를 이 회장에게 선물했다. 기간은 발급 당시인 1979년부터 100년으로 사용 기한이 2079년 12월까지이다. 무려 144세까지 이용이 가능한 카드이다. 그만큼 오래 살라는 뜻이 담겨있을 것이다. 이 카드를 내미니 직원들이 깜짝 놀랐더라며 웃으며 소개한다. 이 회장은 아직도 메트로폴리탄 카드를 사용 중이라 롯데호텔은 오픈하면서부터 지금까지 이 회장의 영원한 아지트가 되었다.

부산국제영화제 김동호 전 집행위원장과 함께한 이우석 회장. 왼쪽은 윤일봉 배우

## 김동호 위원장

김동호 위원장은 1961년 문공부에 입사해서 정년 전에 기조실장으로 근무하였다. 그리고 영화진흥공사 사장으로 임명된다. 그 시절 한국영화의 글로벌화에 일조하였다. 〈달마가 동쪽으로 간 까닭은〉이 베니스영화제에서 수상한 것이나 강수연이 〈아제아제 바라아제〉로 모스크바영화제에서 여우주연상을 받은 것도 그 시기이다. 그 시절 영화법 개정이 본격화되었다. 남양주종합촬영소도 그의 재

임 시절에 건립되었다. 윤탁 사장이 후임 발령을 받아 영진공 사장 4년의 임기를 마치고 예술의전당 초대 사장을 역임했다. 그리고 부산국제영화제의 창설에 참여해 국제적 영화제로 만들었다. 한국영화 중흥을 이룬 것이다.

최배달 국제공수도연맹 총재(왼쪽 두 번째)와 함께

## 최배달 총재

언뜻 연결 안 되는 조합인데 두 분이 교류가 있었다니 다소 의외이다. 하지만 이우석 회장은 김운용 당시 국기원장과의 친분으로 국기원 초대 이사를 맡기도 한 무예 애호인이다. 그가 국제적인 무예인에 대해 관심을 갖는 건 당연한 일이었다. 두 분은 1935년생 갑장인데 사는 나라가 달라도 자녀 결혼식에 참석하는 가까운 사이가 되었다.

최배달이 직접 제작해 이우석 회장에게 선물한 일본 교통카드

처음 만남은 최배달의 영화화 건으로 만났고 김운용 국기원장, 신성일 배우, 방학기 화백의 만남을 주선했다.

최배달은 한국에 극진가라데를 보급하고자 했지만 태권도와의 갈등을 피하고자 일체 전파 활동을 금했다. 그럼에도 불구하고 두 분은 가까워졌고 자주 만났다. 그리고 한국과 일본을 오가며 우정을 돈독히 하였다. 남겨진 많은 사진이 그것을 입증한다.

일본 방문시에 만나면 보디가드까지 동원되어 융숭한 대접을 받았다고 한다.

이우석 회장에 의해 영화화 되지는 못했지만 방학기 화백에 의해 〈바람의 파이터〉라는 제목으로 극화되어 스포츠 신문에 연재되었다.

최배달이 이우석 회장에게 선물한 제5회 국제공수도연맹 세계대회 기념 도예품

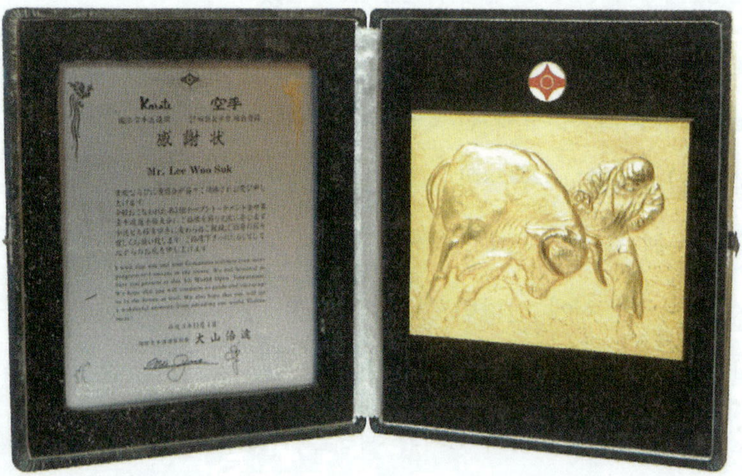


국제공수도연맹에서 이 회장에게 준 감사장

## 신상옥 감독

대한극장에서 18년 만에 재개봉되어 이우석 회장, 이두용 감독과 〈겨울이야기〉를 보았다. 신상옥 감독의 75세 때 감독작이다.

부천국제영화제에서 처음 봤을 때 눈물 흘렸던 영화로 기억에 남아있던 감동작이다. 신 감독님의 노고에 절로 눈물이 흘렀다.

시사회장에 여주인공 김지숙, 촬영감독 조동관, 신영균 배우가 참석하여 감회를 말했다. 모두가 신 감독님에 대한 존경의 마음이

시사회에 함께 참석한 고 이두용 감독과

다. 김지숙 배우는 "이 영화는 미완성작이다"라고 신 감독님의 별세를 아쉬워하여 장내를 숙연하게 만들었다.

이우석 회장은 이 영화를 제작 중이던 신상옥 감독이 찾아왔던 일화를 술회하며 당시에는 강남역의 동아극장을 처분하던 시기이라 바빠서 도와주질 못했는데 지금 생각해보니 아쉬웠던 일이라고 회고했다.

정진우 감독과 함께

## 정진우 감독

두 분은 한국영화계에서 라이벌이자 동료이다. 나이는 이 회장이 두 살 위인데 한국영화 입문은 정 감독이 먼저 했다.

각기 영화사를 운영하였는데 용문동 같은 동네에서 살던 정 감독이 양주를 갖고 찾아왔다고 한다. 당시 이 회장이 한국영화 수출을 하니 그랬을 것이다. 두 분은 한국영화 100년사에 뺄 수 없는 분들인데 때로는 경쟁자로 때론 협력자로 동고동락하며 함께해 온

60년 지기이다.

지금은 정 감독이 운영하는 한국영화인복지재단에서 이 회장이 운영이사로 함께한다.

이우석 회장은 이어령 전 장관의 별세로 이제 알려진 분들 중에서 아는 이는 정진우 감독뿐이라며 웃었다.

화를 내면 나만 손해라며 "가는 세월을 돈 주고 살 수 없냐?" 농담을 하시며 나를 쳐다본다. "안 교수 나이라면 얼마나 좋을까…" 즐겁게 살아야 한다며 정직하게 살아서 지금까지 롱런했다며 참는 마음을 강조했다.

영화 시사회장에서 팽장귀 감독(맨 왼쪽), 성룡과 함께

## 팽장귀 감독

팽장귀 감독은 〈일대영웅〉의 공동감독이다. 그는 서울 출생 화교로 이우석 회장님의 통역 담당이었다. 10살쯤 연하로 홍콩에서 비교적 이른 나이에 죽었다고 한다. 그를 왕사상 한국이소룡기념사업회 전 대만지회장이 소개시켜주었다고 한다.

내가 기록한 그의 사진을 보여주었더니 단번에 위 사진 좌측의 "키가 크고 마른 이"가 그라고 한다.

팽장귀는 82년 성룡 영화 〈용소야〉의 제작자이다.

다음은 예전에 내가 쓴 기록이다.

팽장귀 감독은 한국에서 출생한 화교로 쇼브라더스에서 통역을 하다가 골든하베스트에서 한국 관련 업무를 담당했다. 한국 화교라서 당연히 한국과 인연이 많은데 정창화 감독의 조감독을 지냈고 그런가 하면 장철 감독의 〈대자객〉의 조감독이었다.

그가 〈흑야괴객〉, 성룡의 〈용소야〉 공동제작자로 올라있고 한국의 동아수출공사가 공동제작한 〈일대영웅(북소림)〉의 감독으로 올라있다. 고 왕사상 한국이소룡기념사업회 대만지회장이 그에 대해 영상자료원 녹취록에 기록을 남겼다.

홍콩영화인명인 '양만이'가 '장진원'이라는 한국인인데 '팽장귀' 역시 추적해봐야 할 듯하다.

신성일 배우(맨 왼쪽)와 함께. 그 옆으로 최배달 총재, 이우석 회장,
방학기 화백, 김동호 위원장, 이창무 사장

## 신성일 배우

이우석 회장은 영화인 모두와 교유했다고 해도 과언이 아니다. 영화 85편을 제작하면서 거의 만났다고 해도 무방하다. 임권택, 이두용, 정진우 감독을 제외하고는 모두 불러 감독을 맡겼다. 위의 세 분은 자기 회사를 갖고 있거나 아주 바빴던 분들이다.

신성일 배우와는 고향이 같은 대구권 지역으로 더더욱 가까웠다. 부산국제영화제에서 만나면 금수복국 집에서 만나 복어탕을 먹

베니스영화제와 모스크바영화제에서 여우주연상을 수상한 강수연 배우와 함께

으며 친교를 나누었다. 신 배우와는 별세 일주일 전에도 금수복국 집에서 식사를 나누었다. 두 분은 두 살 차이로 신 배우는 정겹게 형님으로 불렀다고 한다.

여배우와는 일절 식사 자리도 금했는데 쓸데없는 오해를 사고 싶지 않아서이다. 단 강수연 배우와는 부산국제영화제에서 만나 식사 자리를 가졌다. 당시 강 배우는 부산국제영화제 집행위원장이었는데 "회장님 같은 분이 제작을 안 하면 어떡해요?"라며 응원해주었다고 한다. 배우마다 일화가 없는 이는 없을 터인데 모든 영화 지인들의 관계는 신성일 배우만으로 대신한다.

가수 나훈아, 배우 윤일봉과 함께

# 윤일봉 배우

윤일봉 배우는 ㈜동아수출공사 제작의 〈애수의 샌프란시스코〉에 출연했었다. 이후 〈내가 버린 여자〉, 〈내가 버린 남자〉, 〈두 여인〉 등에서 눈물샘을 자극하는 연기를 보이며 한국영화계의 간판스타가 되었다고 해도 과언이 아니다. 그는 여세를 몰아 직접 프로덕션을 설립해 〈먼 여행 긴 터널〉을 제작, 주연하였다. 그는 영화배우로서는 처음으로 영화진흥공사의 사장을 역임하였다.

안성기, 박중훈 배우와 함께

## 안성기, 박중훈 배우

동아수출공사 이우석 회장님과 점심. 두 배우는 〈투캅스〉 이후로 한국영화사에서 보기드문 콤비 스타이다. 탁월한 연기력과 성실성으로 그같은 콤비배우는 앞으로도 드물 것이다. 당대 콤비 배우의 탄생은 시대상을 그려내며 탄생되었다. 안 선배는 건강을 잘 관리 중이고 박 스타는 차기작을 선정 중에 있다.

## 권영문 그랜마스터

두 분의 인연은 반 세기를 맞는다. 1980년대 홍콩에서 만나 권영문 그랜마스터의 〈프로젝트A〉 출연을 격려하고 지원하였다. 이 회장은 홍콩에 가면 침사초이의 식당으로 초대해 식사를 하며 합작영화에 연결시켜 주었고 함께 공원을 걸으며 많은 이야기를 나누었다.

황정리(왼쪽), 바비 김 그랜마스터

## 바비 김, 황정리 그랜마스터

황정리 배우는 동아수출공사 제작의 〈밀명객〉, 〈흑룡강〉 등에 출연하였고 홍콩에서도 만나 교류하였다. 황정리 그룹 발대식 이야기를 듣고는 선뜻 화환을 보낼 정도이다.

바비 김 배우는 당시 태창영화사 전속으로 묶여 있어서 비록 출연은 못했지만 이우석 회장이 국기원의 이사를 맡았을 무렵부터 알고 지냈다.

# 7장.

# 이우석 회장의 기사와 사진들

## 大作 흥행참패로 수입사 '위기'

대표적인 영화사 동아수출공사(회장 이우석·李于錫)가 위기에 처했다. 무려 3백80만달러(50억원가량)나 되는 수입가에 들여온 할리우드 액션영화 「하드 레인」이 흥행에서 참패를 기록하고 있기 때문이다. 지난 1일 개봉해 상영관들이 하나둘 간판을 내리는 지금, 동아수출공사 측은 전국 관객이 25만명가량 들 것으로 보고 있다. 예상 수익은 겨우 5억원 정도. 부대비용까지 포함해 4백만달러가량 적자를 면하기 어렵게 됐다.

「재난」은 96년 외화수입 경쟁에서 시작됐다. 삼성이 「제5원소」를 5백50만달러에 사들인 것을 비롯, 대기업들이 값을 올려가며 외화수입을 주도하던 시절이었다. 동아수출공사는 경쟁끝에 96년 9월 폴리그램영화사 「하드 레인」을 수입하기로 계약했다. 시나리오와 캐스팅만 확인하고서였다.

### 50억원짜리 「하드레인」 5억원밖에 못벌어
### 동아수출공사 '기우뚱'

하지만 제작일정 차질로 작년 여름으로 예정됐던 개봉이 미뤄지고, IMF 사태로 엄청난 환차손까지 입게됐다. 동아는 지난 3월 수입가 35%를 이미 송금한 상태. 환차손 부분만이라도 깎아보려고 폴리그램측과 접촉하고 있다. 한국영화인협회를 비롯한 3개 영화단체와 문화관광부도 폴리그램측에 협조를 요청했지만 여의치않다. 동아수출공사는 「깊고 푸른 밤」「겨울 나그네」를 비롯한 한국영화 81편을 제작하고, 「늑대와 춤을」 같은 외화를 수입한 유수 영화사. 이우석 회장은 『1백편 제작의 오랜 꿈을 이루기 위해 어떤 위기가 와도 한국영화 제작을 계속하겠다』고 말했다.

<李東振기자·djlee@chosun.com>

---

第22890號 조선일보 西紀 1994年

**방송**

## 방송사도 놀란 「포청천」 돌풍

### 공명정대-강직함에 매료… 시청률 급등

『포청천같은 인재가 있다면 金泳三대통령이 개각을 앞두고 고민하지 않아도 될텐데…』

『포청천같은 엄중한 관리만 버티고 있었어도 세금도둑이니 가스폭발사고니 하는 국가의 기강해이 현상이 나타나지 않았을텐데…』

KBS 2TV의 외화 「판관 포청천(包靑天)」이 요즘 안방에 돌풍을 일으키면서, 주인공 포청천의 캐릭터가 장안의 화제다.

햇빛 피부에 감정의 기복이 거의 나타나지 않는 무표정한 얼굴을 가진 송나라시대의 관리 포청천. 조목조목 죄상을 파헤치는 논리정연함, 황제의 인척까지도 한치 봐주지 않는 공명정대함과 강직함에 특히 남성시청자들은 넋을 잃고 빨려들어가고 있다.

10월 가을개편부터 KBS 2TV가 방송하기 시작한 이 드라마는 시리즈로는 드물게 평균 시청률 25%, 점유율 35%라는 놀라운 인기를 유지해왔으며, 개각으로 온 나라가 들떠 있던 16일 밤에는 시청률 33.7%, 점유율 48%를 기록, 방송관계자들을 경악시켰다. 그래서 요즘 방송가에선 「포청천 신드롬」이란 말까지 나올 정도.

대만에서 제작된 「판관 포청천」은 미국영화가 주도해온 안방극장에 이례적으로 동양영화 붐을 불고와 더욱 화제다.

동아수출공사(대표 이우석)가 수입, 지난 추석때 MBC를 통해 2부를 특집으로 방영해 호평을 얻었다. 이에 자극받은 KBS는 가을개편때 아예 정규편성에 넣어버렸다. 같은 시리즈를 2개의 방송사에서 내보낸 일도 드문 일. 홍콩에서도 A-TV, TVB가 같은 시간대에 내용만 다른 「포청천」을 내보낸 적이 있다.

방송의 인기에 힘입어 「포청천 신드롬」은 비디오와 케이블TV, 출판계로도 확산될 조짐이다. 「포청천」의 비디오 출시를 준비중인 영상 프로덕션에는 제품이 나오기도 전부터 주문이 쇄도하고 있으며, 내년 3월 개국할 케이블TV의 영화-드라마 채널공급자들도 이 시리즈에 눈독을 들이고 있다. 또 소설 「영웅문」이 비디오 시리즈 「외전도룡기」로 제작돼 큰 성공을 거둔 전례에서 보듯, 「포청천」도 비디오외에 책으로도 성공할 것으로 전망. 대원당 등 일부 출판사들은 동아수출공사를 대상으로 치열한 판권따내기 경쟁을 벌이고 있다. KBS 영상사업단은 「포청천」을 만화로 제작하는 것도 검토중인 것으로 알려졌다.

「포청천」의 수입사인 동아수출공사의 이우석 회장은 포청천의 인기를 두가지로 분석했다.

『첫째는 대형사고나 공직자 비리가 드러나고 있는 사회현실과 민심을 속시원하게 풀어주는 포청천의 내용이 맞아떨어진 때문이고, 둘째는 젊은 층 위주의 외화범람에 식상한 중장년층 시청자에게 오랜만에 보는 볼거리를 제공했기 때문』이라는 것.

이밖에도 법률드라마로의 무거움을 덜어내기 위해 드라마 곳곳에 삽입하고 있는 장쾌한 무술 장면과 젊은이들의 로맨스도 시청자의 흥미를 끄는 요소로 작용하고 있다는 분석이다.

예상못했던 「포청천 신드롬」에 놀란 KBS측은 모두 41부(2백36회)중 5부만 방영하려던 당초의 계획을 수정, 앞으로 1년간 이 드라마를 연장방영키로 최근 편적 결정했다. <李聖英기자>

◇높은 시청률을 기록하고 있는 KBS 2TV 「판관 포청천」.

### 「포청천」 어떤 드라마인가

「판관 포청천」은 대만의 중앙전영공사(CTS)사가 중국 송나라 인종때의 명판관 포청천의 이야기를 드라마로 만든 작품. 원제는 「包靑天」. 대만배우 金超群(진차오췬)이 주연을 맡았으며, 「철룡주」「용화기」「도룡기」등 4~8회씩의 미니시리즈로 구성되어 있다. 지금까지 모두41개의 이야기에 2백36회분이 제작돼 91년말부터 2년여동안 대만과 홍콩에서 방영됐다. 당시 60~70%에 이르는 폭발적 시청률을 기록, 드라마가 방영되는 시간에는 거리에 인적이 끊긴다는 이야기가 나왔을만큼 인기가 높아 「뉴스위크」아시아판의 커버스토리로 소개되기도 했다.

최근에는 일본-한국 등 다른 아시아권나라에도 수출되어 대만-홍콩에 버금가는 인기를 모으고 있다.

탐관오리의 비리를 척결하고, 어려움에 처한 백성의 원한을 해결하는 교훈적인 내용을 그리고 있는 이 시리즈는 사건을 풀어가는 논리적인 전개방식과 극의 구성도 탄탄하지만, 무협 액션 등을 가미해 볼거리도 다양하게 제공하고 있는 게 인기요인.

**宋명판관 소재… 대만 CTS社 제작**

대만의 CTS사는 「포청천」의 인기를 이용, 방송사에 관광코스까지 개발해놓고 있을 정도. 「포청천」의 세트장을 일반에게 공개하고, 포청천의 주요배역들을 분장시켜 시청자들이 그들을 만날 수 있도록 배려하고 있다. 또 드라마에 나오는 소도구를 상품으로 만들어 판매도 하고 있다.

### 「까레이스키」 다큐로 본다

**오늘밤 배경-제작과정 설명**

19일 포문을 연 MBC 특별기획드라마 「까레이스키」가 본방송 하루전인 18일, 드라마 제작과정을 담은 다큐멘터리를 방영하면서 붐 조성에 나선다.

일요일 밤 11시 30분부터 1시간동안 방송될 다큐멘터리 「까레이스키는 이렇게 만들어졌다」의 「제1부 김희애의 드라마 여행」편이 그것. 여주인공 남영역의 탤런트 김희애가 내레이션을 맡아 극의 주요장면을 보여주면서 줄거리와 제작과정을 설명한다.

이번 「까레이스키」 다큐제작을 위해 드라마 제작진과는 별도의 다큐멘터리팀(MBC프로덕션 최나관PD팀)이 총5차례, 80여일에 걸쳐 드라마 제작과정을 동행취재, 제작진의 역경과 애환 등 드라마 뒷얘기를 영상에 담았다.

MBC는 「까레이스키」 22부작이 모두 끝나는 3월초쯤 하이라이트 장면과 제작에피소드를 엮은 다큐멘터리 2부를 방송할 계획이다.

조 선 일 보

# 회 영화상 영광의 얼굴들

JE DRAGON AWARDS

◇그랑프리를 받은 이우석사장

## 작품상 이우석씨

### 外画 외면 邦画 외길의 제작자

「앞으로 더욱 열심히 우리 영화를 만들라는 채찍으로 알고 받아들이겠습니다」「그들도 우리처럼」으로 그랑프리인 작품상을 받은 동아수출공사의 李宇錫사장은 우리 영화계가 내우외환에 처해있는 어려운 시점에서 17년만에 부활된 청룡상을 받게되어 더욱 기쁘다고 흥분을 감추지 못했다.

「그들도…」은 비록 흥행은 실패했지만 올해 프랑스 낭트영화제서 그랑프리를 받아 일찍부터 수상이 유력시되었던 작품. 이를 제작한 李사장은 충무로에 널리 알려져있는 우리 영화계의 대부다.

李사장은 「[illegible]」「깊고푸른밤」「만추」「황진이」등 우수영화를 꾸준히 만들어왔으며, 대부분의제작자들이외화수입에 열을 올리는 이 시간에도 최인호씨의 소설「천국의 계단」의 시나리오 작업에 몰두해 있다.

그는「이번 수상을 계기로 한국영화를 열심히 만드는 제작자들의 모임을 만들어 우리영화 발전에 일조를 하겠다」고 다짐했다.

李사장은 시상식장에서 부상으로 받은 1천만원을 심장재단에 기증했다.

# 쿵푸스타成龍 來韓
## 영화관객과 대화도

◇…·홍콩의 쿵푸스타 成龍이 자신의 작품인「프로젝트A」를

成龍㊨과 담소하는 영화 제작자 李于錫씨㊥。

수입한 동아수출공사(대표 李于錫)의 초청으로 25일 한국에 왔다。成龍은 약3일간 한국에 머물면서「영화관객들과의대화」를 비롯, 각종행사에 참석하고 동아수출과 합작문제도 논의할 예정이다。

# 邦畵 세계市場진출에 밝은전망

○ 우리나라영화가 홍콩을 거점으로 제작되어 전세계에 배급될 밝은 조짐을 보이고 있다. 지난해 7월 영화진흥공사의 해외지사인 홍콩有限公司를 인수, 홍콩九龍반도에 사무실을 마련하는등 준비작업을 마친 영화사 東亞輸出公司 대표 李于錫씨는 세계적인 홍콩영화메이커 골든하베스트국제기구의 대표 레이먼드 초우씨와 공동제작·배급의 원칙에 합의하는 한편 韓·홍콩간의 기술교류에 헌신적인 지원을 약속받았다고 발표했다. ○

## 東亞輸出, 홍콩 골든社와 손잡아

골든하베스트사의 레이먼드초우씨는 70년대초 혜성처럼 나타나 불멸의 신화를 남긴채 비명에 간 李小龍을 키워낸 장본인. 미국 할리우드와 영국 런던등에 국제 배급망과 제작사를 설립, 운영하고있는데 최근 우리에게 알려진 국제적 작품은「배틀클리크」와「캐논볼」. 초우씨는 李小龍이후 成龍을 세계적스타로 키워 독립시켜주어 더욱 유명하다.

李씨가 초우씨와 맺은 계약은 홍콩에서 제작하는 한국영화 1편을 골든하베스트그룹의 체인

영화계

을 통해 세계 시장에 배급하고 매년 1편이상의 질높은 합작영화를 공동제작하기로 한것.

이같은 소식이 홍콩영화계에 알려지자 평소 李씨와 개인적인 교분이 두터운 배우 成龍과 洪金寶는 李씨가 제작하는 한국영화에 조건없이 출연하겠다고 말하고있다.

李씨와 초우씨는 60년대말 초우씨가 무명의 제작자였을때 부터 잘아는 사이.

李씨는 李小龍의 비명횡사로 중단됐던영화「死亡유희」를 위해 李小龍과 닮은 한국배우唐龍(본명 金泰婧)을 발굴, 초우씨에게 보내 영화를 완성, 히트시켰고그 여세를 몰아 唐龍을 주연으로골든하베스트사와 미국 영화사, 그리고 한국이 합작한「死亡塔」을 내놓아 대성공을 거두기도했다.

한편 李于錫씨는 지난달 프랑스에서 열린 칸영화제에참석, 외국영화인들과도 한국영화에대한 폭넓은 의견을 교환한것으로 알려졌다. 특히 李씨는 우리에게「追放客」으로 잘알려진 미국 감독 마이클 윈너와도 만나 찰즈브론슨주연으로 촬영중인「자정10분전」(Ten to Midnight)의 수급계약도 체결했다는것.

또 미국 할리우드를 거점으로 뉴욕, 런던, 캐나다등지에 제작사와 배급망을둔 캐넌그룹의총수 메나헴 골란및 요람 글로버스와도 교분을갖고 현재 제작중인 페이 더너웨이주연의「듀엣포원」(Duet for one), 브루크 실즈의「사하라」, 숀코널리의「스워드 오브 더 밸리언트」(Sword of the waliant), 실비아 크리스텔의「마타하리」의 동남아 판권 수급문제에대해서도 최대한의편의제공을 보장받았다는 것이다.

홍콩의 세계적인 영화제작자 레이먼드 초우씨㊧와 만나 공동제작, 배급을 합의한 李于錫씨.

## 共同제작·配給원칙에 合意
## 技術교류 적극지원도 약속

### 美캐넌그룹 東南亞판권 편의도 받아

李씨는 이를 외국 영화인들이 『국제영화제등에 자주참석, 대화와 출품을 통해 쌓아왔는 교류를 갖자고 제안해와서 의견의 일치가 쉬웠다』고 밝히고『초창기에는 다소 애로가 있겠으나 소신껏 해보겠다』고 다짐했다.

金 亮 三
演藝레저부기자

# 마닐라영화제 競爭부문에 「晩秋」

## 대표단확정, 초청·市場부문엔 5편씩

◇…오는 24일부터 필리핀 마닐라에서 열리는 제2회 마닐라 국제영화제에 출품될 우리나라 출품작과 대표단이 확정됐다.

출품작은 경쟁부문에는 金洙容감독이 연출한「晩秋」1편이, 아시아영화초청부문에는「만다라」「叛奴」「화녀82」「뻐꾸기는 밤에도 우는가」「피막」등 5편이, 그리고 견본시부문에「死後世界」「愛人」「소림사왕서방」「앵무새 몸으로 울었다」「애마부인」등 5편이 각각 선정됐다.

또 한국대표단은 영화진흥공사 嚴正欽이사를 단장으로 韓甲振제협회장, 呂石基심사위원, 金洙容감독, 李于錫東亞수출대표, 배우 金惠子씨등 영화제당국이 초청한 영화인과 업저버로 참가하는 강대진(三映) 鄭鎭宇(宇進) 鄭昌和(禾豊) 鄭東煥(배우)등 10여명등 20명으로 구성되었다.

영화제는 오는 2월 4일까지 열리게되며 경쟁부문에 출품된「晩秋」는 신청된 1백20여편 가운데 예심을 거쳐 최종 후보작에 오른 20편 가운데 하나다.

【5】 1974年7月30日 火曜日

李圭煥감독 은퇴作돕기 結實

鄕土色짙은「남사당」소재, 동아수출公社서 製作맡아

○…「[illegible]없는 나룻배」의 李圭煥감독(七一·사진)이 마지막 메가폰을 잡을수 있게됐다. 동아수출공사(대표 李[illegible])가 李감독의 은퇴작품을 제작하겠다고 나선것이다.

한편생 영화만을 위해 살아온 李감독은 영화에대한 자신의 [illegible]을 쏟아부을 마지막 力作을 갈망해왔으나「너무 나이가 많다」는 이유로 제작자들이 외면해오던 터에 李감독의 제자들을 포함한 三十여명의 영화인들이「李감독은퇴작품제작추진위」(위원장 [illegible])를 구성, 老선배에게 마지막 메가폰을 쥐어주자 위한 캠페인을 벌였었다(本報 十一日字 일부지방 十四日字 五面 관련기사 참조).

영화계에서 보기드문 美談가 훈훈한 結實을 본 셈인데 李감독의 작품은 우리民俗인「남사당」을 소재로한 鄕土色 짙은것이 될것으로 題名은 未定인채 白[illegible]씨가 시나리오를 쓰고있다.

六·二五소재 세映畵 영화진흥공사 製作

○…영화진흥공사는 六·二五를 소재로한 영화「선난 토끼풀」「殘留諜者」「愛離九十日」등을 제작한다.

신봉승 나한봉 윤삼육 공동집필인「선난 토끼풀」은 국민학교 五년생 女中三년생 中學六년생 三남매가 겪은 六·二五를 그린 작품으로 林權澤감독이 메가폰을 잡는다. 李순헌 金영숙 차지[illegible].

「殘留諜者」는 金[illegible]씨의 작품으로 六·二五때 敵地에 남아 활약한 工作員들의 이야기. 감독은 아직 미정으로 金[illegible] 鄭昌和감독이 물망에 오르고 있다.

演藝수첩

# 鄭素影감독의 異色미스터리에 人氣

## 黑女 1만弗稼得 東南亞로 수출

○…東亞公社(대표 李于錫)에서 제작한 액션미스테리 영화「黑女」가 개봉과더불어 1만달러에 동남아로 수출되었다.

멜로 드라마의 거장이라고 불리어오던 鄭素影감독이 처음으로 시도한 이색적인 미스테리영화로 화제가 되어오던 이작품은 2천5백만원의 제작비가 투입되었으며 TV탤런트 梁貞花가 처음으

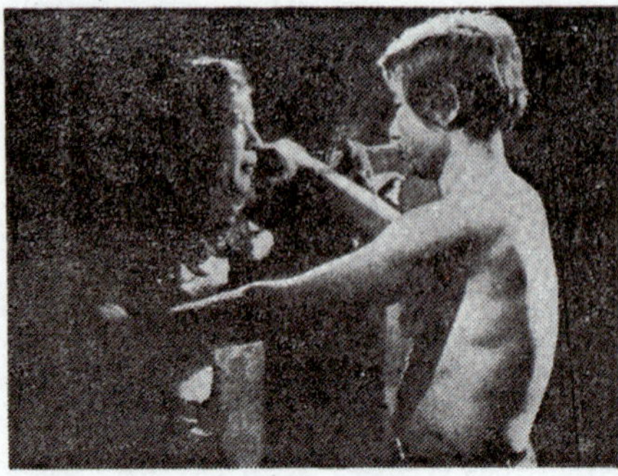

◇1만弗額面으로 東南亞에수출되는「黑女」〈鄭素影감독작품〉

## 藝演살롱

했다.

11일 영화제작 협회는 제8차이사회를 열고 文公部의 올해 시책에따라 설치된 영화제작자 자율정화위원회의 규정과 예산을 승인함으로써 15일부터 업무를 개시토록했

트로트, 소울, 고고, 포크등 다양한 레퍼터리와창법으로 각광을 받고있으며 이번디스크의 타이틀곡이「사랑은 이제그만」작곡가 李湖씨의 것이라 기대가 되고있다.

## 合作映畵등에 분망 姜大宣감독에 豊年

○…지난해연말께 대만에서「天馬神劍」이란 영화의 로케를강행했고 그곳 中央電影과 합작으로「5천리大逃亡」을 제작하기로 하는등 풍부한화제를 뿌렸던 姜大宣감독이 이번에는 美國과 2편의 합작영화를 제작하게되었다는 소식.

연예기자출신으로「女高時節」을 연출, 감독으로 데뷔한 그는 요즘 中央電影과 합작키로한「5천리大逃亡」「나이도 어린데」등 두편의영화를 연출하기에 바쁜한편 美國CCB와 다시 두편의영화를 합작키로하는 계약을 끌내 우리영화의 해외진출에 큰몫을 차지하고있다.

그런데 美CCB와 합작키로한 두편의 영화는 모두 美國에서 촬영하기로 돼있으며 이같은 합작케이스는 우리나라서처음있는 일.

# 마닐라 國際영화제 出品作·대표단확정

오는 24일부터「필리핀」「마닐라」에서 열리는 제2회「마닐라」국제영화제에 출품될 우리나라 출품작과 대표단이 확정됐다.

출품작은 경쟁부문에는 金洙容감독이 연출한「晩秋」1편이,「아시아」영화초청부문에는「만다라」(감독 林權澤)「叛奴」(감독 李英實)「화녀」(감독 金琦泳)「뻐꾸기는 밤에도 우는가」(감독 鄭鎭宇)「피막」(감독 李斗鏞)등 5편이, 그리고 市場(마케팅)부문에「死後世界」「愛人」「소림사왕서방」「앵무새몸으로 울었다」「애마부인」등 5편이 각각 선정됐다.

또 한국대표단은 映畵振興公社 嚴正欽이사를 단장으로 韓甲振「製協」회장 呂石基심사위원 金洙容감독 李于錫東亞輸出대표 배우 金惠子씨등 영화제당국이 초청한 영화인과 업저버로 참가하는 姜大榛(三映) 鄭鎭宇(宇進) 鄭昌和(禾豊) 鄭東煥씨(배우)등 20명으로 구성되었다.

오는 2월2일까지 열리는 이번 영화제의 경쟁부문에 출품된「晩秋」는 신청된 1백20여편 가운데 예심을 거쳐 최종 후보작에 오른 20편 가운데 끼어있다.

# KBS 우수프로 18개受賞作 확정

82년 한해를 결산하는 제6회 KBS우수프로그램 및 보도상 수상작이 확정됐다.

우수작품상은 드라마「풍운」월요기획「철저추적 쓰레기」등 16개부문이, 보도상은 9시뉴스「B형간염 감염실태및 성인병 실태」와「천연기념물 황새 날아오다」가 금상을 차지했다.

한편 연기부문 특별상에는 金姈愛와 安대용이 뽑혔다.

# 李小龍代役배우 金泰靖

中國의 전통무술인「쿵푸」映畵로 세계적인 명성을 얻었던 李小龍이 73년 7월 의문의 죽음을 한지 4년. 그의 모습과『똑같이 생겼다』는 金泰靖군(21)이 李小龍의 代役으로 뽑혀 李小龍이 반쯤 찍다 만 映畵「死亡遊戱」에 나오게 돼 화제를 뿌리고있다.

金군은 釜山 東亞고교 출신. 고교시절부터 태권도를 시작, 최근 2년동안은「쿵푸」라고도 불리는 十八技에 전념해 태권도 2단, 十八技 4단의 실력까지 갖춰 용모는 물론 實技에 있어서도 李小龍이 갖췄던 것을 모두 갖췄다.

## 十八技·태권도修鍊…용모까지도꼭닮아

## 李小龍의「死亡遊戱」마무리위해 홍콩에

金泰靖은 31일「死亡遊戱」의 촬영현지인「홍콩」으로 그의 매니저인 영화제작사 東亞수출공사李于錫사장과함께 떠났는데 이영화는 美國의「워너 브러더즈」社와「홍콩」의「고울든 하베스트」社가 공동제작하는것.

매니저 李于錫씨는 2년전 金泰靖의 용모나 몸맵시가 李小龍과 너무나 흡사한것을 발견, 연기력만 제대로 터득하면 제2의 李小龍으로 大成시킬수있다는데에 착안, 그에게 월8만원씩을 주어 演技力연마와 外國語공부에 나서게 했었다고. 「워너」와「고울든」두회사는 4년여를李小龍과 닮은 배우를 찾다「고울든」의 何冠昌사장이 金泰靖이 있다는 소식을 듣고 두번이나 韓國을 방문, 그를 픽업하게 된것이다.

『그동안 晋州 多率寺와 서울 総宛동지에서 十八技수련을 했어요. 우리나라의 跆拳道는 스포오츠이지만 十八技는 어디까지나 武術입니다. 棒 창 칼을 쓰지요. 李小龍의 실력에 비길수있을 겁니다. 자신해요.』그는 자신만만하다. 『演技가 문제이겠는데…』했을 때엔『李小龍이 나오는 필름은 수백번을 보며 익혔어요. 「死亡遊戱」에선 우선李小龍의 연기가 중요하니까요.』

그는『멜로映畵는 마음이 약한 사람, 마음이 어두운 사람, 恨이 많은 사람들이 즐겨보는것같다』며 액션영화는『건강한 삶을 일깨워주는 것』이라고 나름대로의「映畵觀」까지 한마디.

〈金光協기자〉

# 邦畵 설대목겨냥 제작활발

## 신인여배우 이아로주연 멜로드라마 「천국의계단」
## 한국인차별 항거한 김희로사건劇化 「金의 전쟁」

이달말 및 2월중 개봉을 목표로 한 한국영화들이 제작에 박차를 가하고 있다.

이중 崔仁浩원작, 裵昶浩감독의 12번째 작품「천국의 계단」과 김희로사건을 극화한「金의 전쟁」(김영빈 감독), 李長鎬감독의 사할린로케작품 「명자 아끼꼬 쏘냐」가 주목되는 한국영화들이다.

「천국의 계단」은 (주)동아수출공사(대표 이우석)의 74회 제작영화로 신인여배우 이아로(24)를 발굴, 주연으로 데뷔시킨 작품이다.

◇동아수출공사가 제작하여 설날 전후 개봉 예정인「천국의 계단」.

조그만 세탁소를 운영하는 가난한 집 딸인 오유미(이아로扮)가 첫사랑의 시련을 겪으며 패션모델과 여배우로 성장해 가는 과정을 엮은 멜러드라마.

아주 흔하고 대중적인 이야기지만 배창호감독의 깔끔한 연출로 작품수준을 격상시켜 이채롭다.

이아로의 연기 또한 신인답지 않게 돋보였으며 앞으로의 활약이 기대될 정도.

80년대를 풍미하던 영화계의 황금[illegible] 최인호(원작및 각본), 배창호(연출), 안성기(연기)의 만남은 「적도의 꽃」「고래사냥」「깊고 푸른밤」에 이어 6년만에 「천국의 계단」에서 다시 이뤄진 셈.

설날을 전후해 대한극장에서 개봉될 예정이다.

이에 비해 신인 김영빈감독의 「金의 전쟁」은 일찌감치 국도극장을 개봉극장으로 잡아두고 日本과 한국을 오가며 촬영 및 마무리작업을 펼치고 있는 휴머니즘 드라마이다.

한국인에 대한 차별대우 철폐를 부르짖으며 日本열도를 뒤흔들었던 재일교포 김희로 사건을 고증에 입각, 그대로 재현해 내고 있다.

김희로役에 柳仁村, 김희로의 애인 후사코役에 李惠淑이 出演한다.

이 영화 제작을 위해 제작자인 한진흥업의 韓甲振사장이 김희로의 어머니 金岡静子씨(83)를 5시간이상 면담하기도 했다.

김희로의 어머니는 현재 가케가와 시립양로원에서 살고 있다.

『차별 대우에 의해 한 인생이 어떻게 비뚤어지고 망가지는지를 人本주의에 입각해 그려나가겠다』는 것이 연출자의 말이다.

한편 여배우 金芝美가 제작, 주연을 맡고 있는 「명자 아끼꼬 쏘냐」는 사할린 등지에서의 촬영을 끝내고 명보극장에서 개봉할 채비를 서두르고 있다.

<申貞姬기자>

# 우리영화를 東南亞·欧美에

○…홍콩유한공사를 인수、邦画의 해외진출에 진력하고 있는 東亞수출공사가 홍콩 올로케이션으로 제작하고 있는「속 귀타귀」가 완성단계에 있다。

최근 홍콩을 다녀온 李于錫사장이 전하는 바에 따르면『촬영은 이미 거의 끝나 마무리 단계에 있다』는것。

또한「속 귀타귀」의 촬영현장에는 成龍 홍금보등이 찾아와 격려해주고 있다고。한편 동아수출은 유한공사를 발판으로 邦画의 동남아진출은 물론 欧美지역수출까지 노리고 있다。



演藝살롱

## 「危險한英雄」곧 개봉

### 金明溶감독 東亞수출공사作

○…東亞輸出공사 (대표 李于錫)가 제작중이던국영화「危險한 英雄」이 며칠전 완성되어 개봉을기다리고 있다.

鄭昌和감독의 조감독으로 오랜동안「홍콩」에서 활약해온 金明溶감독이연출한 이영화에는李大燁、金昌淑、禹演征、그리고合氣道유단자며역시「홍콩」에서「흑연비수」란 영화에 출연한바있는 池漢載씨등이 출연하며「홍콩」의 무술연기자 황가달、양위동도 초청、출연시키고 있다。

그런데 이작품에는 인기상승중인 여배우 禹演征과 金昌淑이 불꽃튀는 연기대결을 하고있으며두사람이함께 태권도를 익혀 화면속에서 미모와더불어 주먹의 대결까지해내고있어 영화가의 주목을 끌고있다。

◇金明溶감독연출로제작된영화「위험한영웅」의한장면。

## 19號檢事室 방영 KBS、17일부터

○…KBS·TV는 그

# 「破戒」촬영끝내 곧開封

## 東亞輸出공사 金綺泳감독

◇「破戒」에 출연중인 崔佛岩과 朴炳浩。

○…東亞輸出공사(대표 李手錫)는 우리나라 최고의 개런티를 지불하여 화제가 되었던 金綺泳감독이 연출한 「破戒」를완성, 개봉을서두르고있다.

수도승들이 겪어온 형극의 길을 묘사한 이작품은 당초 영화화를 기획할때부터 「破戒」라는제명때문에 佛敎界의 빈축을 받았으나 촬영과정에서 파계아닌 성불과정을 훌륭하게 묘사한다는점갈고 적극적인 지원을 받았었다.

그리고 이작품에 출연하는 朴炳浩, 崔佛岩은비롯 40여명의 安養藝術학교학생들이 모두 머리를 깎고 출연했으며 제작회사는 이들에게 일일이 가발을 해주는등 제작비만도 2천8백여만원이 들었다고하는데 金綺泳감독의 개런티는 1백50만원으로 밝혀져있다.

# 7월말香港으로

## 申一龍촬영위해

○…영화배우 申一龍이 7월말경「홍콩」으로 전

# 韓-英 첫 합작영화 제작

## 첩보물「더블 크로스」… 내년7월 세계시장 배급

세계시장을 겨냥한 최초의 한영 합작영화가 제작된다. 영화사 동아수출공사(회장 이우석)와 영국의 민영방송 그라나다사는 22일 애정첩보 영화「더블 크로스」(Double Cross)를 공동 제작, 내년 7월경 배급키로 합의했다.

「더블 크로스」는 한국전쟁을 배경으로 한국 첩보원과 영국의 이중스파이를 동시에 사랑했던 한 여인의 인생역정을 그리는 영화. 한국에 부영사로 부임했다가 6·25때 납북돼 영국과 소련의 이중스파이로 활동한 조지 브레이크의 실화를 토대로 박영숙씨(주한영국대사관공보관)가 쓴 같은 제목의 소설을 영화화하는 것이다.

## 2년만에 美서 귀국한 張美姬

미니 인터뷰

# 外國에서 방황할때보다 故國에 오니 마음 편해요

『2년여 서울을 떠나있는 동안 못찾아뵙던 분들에게 인사를 다니고 있어요.

영화계나 방송계 인사들뿐만 아니라 패션·경제·언론계에 계신 분들까지 저의 근황을 염려해주셔서 그분들을찾아뵙고 인사를드리고있어요』

2년2개월만에 서울에 돌아온 여배우 張美姬.

그녀의 서울에서의 1주일은 각계각층의 사람들을 만나느라 분주하기이를데없다.

그렇지 않아도 여윈대로여위어보는이로 하여금 연민의정을 일으키게 하는 몸매(1백65cm, 46kg)가 더욱 휘청거릴정도이다.

그러나 정작 본인은『그래도 외국에서 방황할때보다훨씬 마음이 편하고 또 귀국후 많이 쉬었다』고 한다.

20일엔 在美중이던 張양을 主演시켜 60만관객을 동원하는등 흥행에서 크게 성공했던 영화「깊고 푸른밤」의제작사 東亞輸出公社(대표 李于錫)가 그녀의 귀국을 축하하기위해 당시의 출연진및스태프들을 초청,파티를 열어주었으며 동시에 그녀에게격려금(2백만원)까지 주었다.

『파리와 LA생활에서 저의 분신처럼 애지중지했던 미셸꼬냑군(숫놈강아지)이 검역소에서 고생이 많지나 않은지 걱정돼요. 10일간이나 헤어져 있으려니 마음이 아파요』

외국생활의 외로움을 달래주던 푸들강아지 한마리지만 張양은 행여 미리 데리고 나올수있지나 않을까해서 21일에도 검역소에 갔다가 헛걸음을 하고 돌아왔다.

더우기 매니저역할을 하던

어머니 崔淑姬씨마저 지난10월1일 발목사고를 당해 바깥출입을 못했었다. 16일밤 張양의 귀국때에야 첫외출을 할수있었다니 집안살림살이가 엉망일수밖에,『이제 다시 갈고닦아 나가야지요』결의에찬 張美姬양. 그녀는 다시 자신을 죄고있다. 영화「장희빈」「황진이」그리고 TV문학관등 그녀의 출연스케줄은 다시팽팽해지고있다. <眞>

**고맙습니다** 이우석 동아수출공사 회장

**사업엔 정직, 생활엔 베풂… 성룡도 존경하는 '영화계 거목'**

이우석 회장님과 만난 게 벌써 10년이다. 당시 도동환 서울충무로국제영화제 이사장이 주최하는 전통시장 방문차 강릉에 갔을 때 소탈한 그와 만날 수 있었다. 그렇게 첫인사 드린 것이 2013년 4월 27일이다. 1935년생인 이 회장은 1960년대부터 외화 수입을 하며 1970년대 권격(拳擊) 영화를 시작으로 한국 영화를 제작했다. 이소룡 이후 홍콩골든하베스트 영화를 수입하며 홍콩영화전문의 독보적인 영화사로 자리했다. 애초 선입견과 달리 그는 편안한 분이다. 그를 서울 양재동 사무실로 찾아가 만난 어느 날은 4시간 동안의 이야기를 나눴다. 그러나 그 이야기는 불과 30분의 1이라고 한다. 한 달 정도 들어야 그의 영화인생 이야기가 끝날까? 그렇듯 그는 이야깃거리가 많은 분이다.

1962년부터 영화 일을 시작했으니 벌써 반세기가 넘었다. 1973년 김시현 감독의 '황사진'부터 제작을 시작했고 2011년 박희곤 감독의 '퍼펙트 게임'까지 모두 85편의 영화를 제작했다. 편수도 많지만, 제작 목록의 영화들은 한국 영화사에서 거론되는 완성도 높은 영화들이 많다. 그러니 이야깃거리가 많을 수밖에 없다. 아직은 공개하기 어려운 이야기와 사진 등의 자료는 귀한 자료들이다.

한국 영화 제작에 있어서도 그는 많은 상을 받았고 외화 수입도 흥행작이 많아 ㈜동아수출공사는 굴지의 영화사로 자리잡았다. 특히 홍콩영화 전문영화사인데 장철 감독의 '외팔이', 원화평 감독의 '취권' 등도 그가 골랐던 영화들이다. 비록 쿼터 문제로 직접 수입할 상황이 아니라 타 영화사에 양보했지만, 그의 영화 보는 눈은 정확하다.

그는 골든하베스트의 레이몬드 초우, 하관창 등과 돈독한 관계를 유지하며 성룡의 모든 출연작을 수입하기도 했다. 그래서 성룡은 그를 깍듯이 모신다. 그가 수입한 '007 죽느냐 사느냐' '클리프 행어' '위험한 정사' '늑대와 춤을' '다이하드' 등은 대박 난 영화들이다. 물론 흥행에 실패한 영화도 많다. 어차피 영화는 도박산업이기 때문이다. 그렇지만 성공 확률이 높기에 그의 흥행을 점치는 감은 뛰어나다고 정평 나 있다.

그런가 하면 그가 제작한 한국 영화들은 화제작, 문제작이 많았다. 그가 제작비를 다른 영화사보다 더 투입했기 때문

2013년 전통시장 방문 행사에서 ㈜동아수출공사 이우석(왼쪽) 회장과 필자. 필자제공

이다. 그가 제작한 '애수의 샌프란시스코'와 '황혼의 맨하탄'은 한국 영화 사상 최초의 미국 올 로케이션 영화이다. 역시 미국 올 로케이션으로 제작한 배창호 감독의 '깊고 푸른 밤'은 그해 최고 흥행 및 대종상작품상을 수상해 흥행과 작품성의 두 마리 토끼를 다 잡은 격이었다.

그런가 하면 극진회관의 최배달과 대한태권도협회의 김운용 회장과의 만남을 주선하고 방학기 만화가가 '바람의 파이터'를 그리게끔 가교 역할을 했다. 나와는 일주일에 몇 번씩 식사를 하며 한국 영화 이야기를 나눴다. 가족보다도 더 많이 외식을 하고 커피를 마셨을 것이다. 편하게 영화 이야기를 나눌 수 있었기 때문이다.

한국 영화계에서 길게 활동했으며 지금 생존한 최고령 제작자로서 그의 증언과 인터뷰는 중요하다. 나는 그와의 만남의 시간을 보내며 이 시간들이 중요함을 새삼 깨닫게 됐다. 그의 증언들은 그만큼의 중요성을 갖고 있다. 가능하다면 지속적인 인터뷰를 가져 나의 연구서인 '한국영화100년사' 시리즈에 그의 중요 증언들이 담겨 전해지길 희망하고 있다.

그는 "정직이 최고의 빽이다"라는 말을 많이 한다. 그만큼 누구에게 청탁하지 않고 정직하게 사업을 했다. 반세기를 넘겨 최장수로 영화계에서 활동했고 누구에게나 베풂을 선물했다. 해마다 영화인들을 위해 성금을 내고 연말이면 송년회 자리를 마련하고 있다. 그의 선행은 꼭 돈이 있어서가 아니라 진정으로 영화인들을 위하는 마음 때문에 가능한 일이다. 영화인들로 해서 벌었으니 베풀겠다는 마음이다. 그런 큰마음 씀씀이를 통해 그의 진면목을 느낄 수 있다. 그야말로 한국 영화계의 첫손에 꼽히는 신사이며 거인이다.

그의 숙원 사업인 인천의 넥스트 스튜디오는 지난해 5월 2일에 완공됐다. 대지 1700평에 건평이 4000평이다. 이 스튜디오 건설은 강남역의 동아극장과 맞바꾼 대역사이다. 이런 대형 스튜디오를 남긴 이우석 회장이야말로 진정으로 존경받을 영화인이다. "이 회장님, 고맙습니다. 언제나 건강하시고 파이팅입니다!!" 안태근 한국다큐멘터리학회 회장

문화일보 2023년 5월 9일 칼럼 기사.

# 사업엔 정직, 생활엔 베풂…<br>성룡도 존경하는 '영화계 거목'

이우석 회장님과 만난 게 벌써 10년이다. 당시 도동환 서울충무로국제영화제 이사장이 주최하는 전통시장 방문차 강릉에 갔을 때 소탈한 그와 만날 수 있었다. 그렇게 첫인사 드린 것이 2013년 4월 27일이다. 1935년생인 이 회장은 1960년대부터 외화수입을 하며 1970년대 권격(拳擊) 영화를 시작으로 한국 영화를 제작했다. 이소룡 이후 홍콩골든하베스트 영화를 수입하며

홍콩영화 전문의 독보적인 영화사로 자리했다. 애초 선입견과 달리 그는 편안한 분이다. 그를 서울 양재동 사무실로 찾아가 만난 어느 날은 4시간 동안 이야기를 나눴다. 그러나 그 이야기는 불과 30분의 1이라고 한다. 한 달 정도 들어야 그의 영화인생 이야기가 끝날까? 그렇듯 그는 이야깃거리가 많은 분이다.

1962년부터 영화 일을 시작했으니 벌써 반세기가 넘었다. 1973년 김시현 감독의 '황사진'부터 제작을 시작했고 2011년 박희곤 감독의 '퍼펙트 게임'까지 모두 85편의 영화를 제작했다. 편수도 많지만, 제작 목록의 영화들은 한국 영화사에서 거론되는 완성도 높은 영화들이 많다. 그러니 이야깃거리가 많을 수밖에 없다. 아직은 공개하기 어려운 이야기와 사진 등은 귀한 자료들이다.

한국 영화 제작에 있어서도 그는 많은 상을 받았고 외화수입도 흥행작이 많아 ㈜동아수출공사는 굴지의 영화사로 자리잡았다. 특히 홍콩영화 전문 영화사인데 장철 감독의 '외팔이', 원화평 감독의 '취권' 등도 그가 골랐던 영화들이다. 비록 쿼터문제로 직접 수입할 상황이 아니라 타 영화사에 양보했지만, 그의 영화 보는 눈은 정확하다.

그는 골든하베스트의 레이먼드 초우, 하관창 등과 돈독한 관계를 유지하며 성룡의 모든 출연작을 수입하기도 했다. 그래서 성룡은 그를 깍듯이 모신다. 그가 수입한 '007 죽느냐 사느냐'

'클리프 행어' '위험한 정사' '늑대와 춤을' '다이하드' 등은 대박 난 영화들이다. 물론 흥행에 실패한 영화도 많다. 어차피 영화는 도박산업이기 때문이다. 그렇지만 성공 확률이 높기에 그의 흥행을 점치는 감은 뛰어나다고 정평 나 있다.

그런가 하면 그가 제작한 한국 영화들은 화제작, 문제작이 많았다. 그가 제작비를 다른 영화사보다 더 투입했기 때문이다. 그가 제작한 '애수의 샌프란시스코'와 '황혼의 만하탄'은 한국 영화 사상 최초의 미국 올 로케이션 영화이다. 역시 미국 올 로케이션으로 제작한 배창호 감독의 '깊고 푸른 밤'은 그해 최고 흥행 및 대종상작품상을 수상해 흥행과 작품성의 두 마리 토끼를 다 잡은 격이었다.

그런가 하면 극진회관의 최배달과 대한태권도협회의 김운용 회장과의 만남을 주선하고 방학기 만화가가 '바람의 파이터'를 그리게끔 가교 역할을 했다. 나와는 일주일에 몇 번씩 식사를 하며 한국 영화 이야기를 나눴다. 가족보다도 더 많이 외식을 하고 커피를 마셨을 것이다. 편하게 영화 이야기를 나눌 수 있었기 때문이다.

한국 영화계에서 길게 활동했으며 지금 생존한 최고령 제작자로서 그의 증언과 인터뷰는 중요하다. 나는 그와 만남의 시간을 보내며 이 시간들이 중요함을 새삼 깨닫게 됐다. 그의 증언들은 그만큼의 중요성을 갖고 있다. 가능하다면 지속적인 인터뷰를 가져 나의 연구서인 '한국영화100년사' 시리즈에 그의 중요 증언들이 담겨 전해지길 희망하고 있다.

그는 "정직이 최고의 '빽'이다"라는 말을 많이 한다. 그만큼 누구에게 청탁하지 않고 정직하게 사업을 했다. 반세기를 넘겨 최장수로 영화계에서 활동했고 누구에게나 베풂을 선물했다. 해마다 영화인들을 위해 성금을 내고 연말이면 송년회 자리를 마련하고 있다. 그의 선행은 꼭 돈이 있어서가 아니라 진정으로 영화인들을 위하는 마음 때문에 가능한 일이다. 영화인들로 해서 벌었으니 베풀겠다는 마음이다. 그런 큰마음 씀씀이를 통해 그의 진면목을 느낄 수 있다. 그야말로 한국 영화계의 첫손에 꼽히는 신사이며 거인이다.

그의 숙원 사업인 인천의 넥스트 스튜디오는 지난해 5월 2일에 완공됐다. 대지 1700평에 건평이 4000평이다. 이 스튜디오 건설은 강남역의 동아극장과 맞바꾼 대역사이다. 이런 대형 스튜디오를 남긴 이우석 회장이야말로 진정으로 존경받을 영화인이다. "이 회장님, 고맙습니다. 언제나 건강하시고 파이팅입니다!!"

안태근 한국다큐멘터리학회 회장

## 포토

이우석 회장의 고향분들이 넥스트 스튜디오를 방문하였다. 그의 스튜디오는 고향에서도 자랑거리 중에 하나이다. 그 외에도 그의 지인이나 방문객들로 스튜디오에는 방문객들이 줄을 잇는다.

성주에서 온 방문객들과(2023년 6월 15일)

# 에필로그

## 이우석 회장을 진작 만났더라면

이 회장님은 자주 내게 말한다. "좀 진작에 만났더라면 좋았을 텐데…" 물론 좋은 일이 많았을 거라고 생각해본다. 그러나 사람의 운명이라는 게 뜻대로 마음대로 되지는 않는다.

나는 대학 졸업 후 동아흥행, 우진필름, 인창영화사, 태흥영화사, 국군홍보관리소, 삼진영화사, 중앙영화사, 한국미디어, 진영프로덕션 등에서 일했는데 동아수출공사는 멀리 장충동에 자리해 일부러 갈 일이 없었다. 동아수출공사가 좋은 영화사라는 건 소문 나서 알고 있었지만 무턱대고 찾아갈 일도 없었고 찾아가지지도 않았다.

그러나 동아수출공사의 영화는 늘 보아와서 언젠가는 갈 일이 생기겠지 생각만 했는데 어느 날 EBS에 스카우트가 되니 영영 멀어졌다. 그리고 지금부터 15년 전에 우연히 이우석 회장을 만났다. EBS에서 나는 천 여 편에 이르는 방대한 프로그램을 제작했다. 그러니 얼마나 바빴을까? 이 회장님을 처음 만나고도 자주 만나지는 못했지만 호남대 교수를 퇴임하고서야 자주 만나게 되어 오늘에 이른다.

이우석 회장을 진작 만났더라면 좋은 일들은 많았겠지만 흘러간 일들에 만약이라는 가정은 필요없다. 이우석 회장을 진작 만났더라면 동아수출공사에서 여러 편의 필모그래피를 남겼을 것이다. 또 여러 상도 받았을 것이다. 동아수출공사는 감독들이 원하는 이상적인 영화사였다. 원로 감독 이규환을 비롯하여 정소영, 이장호, 배창호, 곽지균, 홍상수 감독 등이 활동했던 특급회사이다. 캐런티 많이 주고 제작비가 넉넉하여 우수영화의 산실이었기 때문이다. 한국 감독 중에서 이곳에서 일을 안 한 감독으로는 인기 좋았던 임권택 감독과 자기 회사를 갖고 있있던 이두용 감독뿐이라고 할 정도이다. 그만큼 좋은 영화사이고 이우석 회장은 좋은 제작자였다.

이제 과거를 논하기엔 부질없으며 현실은 빠르게 변하고 미래는 아직도 할 일이 요원하다. 그저 현실에 충실할 뿐이다. 지금 쓰고있는 『동아수출공사 반세기 이우석』은 그의 일대기를 다루었지만 보다 객관적인 시각에서 이우석 회장의 삶을 재조명한 것이다. 이우석 회장을 진작에 만났더라면 더 일찍 나왔을 책이다.

## 이우석 회장의 영화계 회고

비록 기억에 의한 것이지만 그만이 알고 있는 내용들인데 그의 말은 듣고 전하는 말이 아니라 직접 보고 들은 것이다. 말이란 건네 듣게 되면 과장되고 왜곡되기 마련인데 그의 말은 그런 점에서 신뢰할 만하다.

동아수출공사는 여러 차례 이사를 하며 기존의 문건들이 모두 사라진 상태이다. 직원들에게 이삿짐을 맡기며 폐기되는 것을 막을 수 없었다. 뒤늦게 사라진 자료를 찾으나 이미 모두 폐기된 후이라 어쩔 도리가 없었다. 지금도 없어진 자료를 안타까워하는데 포스터 한 점, 스틸 한 점 없는 실정이다. 인천 항동의 넥스트 스튜디오 2층에 동아수출공사의 사무실이 있지만 그곳에 동아수출공사의 과거 자료는 없다. 이호성 사장 외에 직원은 단 한 명, 현재 운전기사로 일하는 김 부장이 36년째 재직 중이지만 그의 기억에도 한계가 있다. 따라서 모든 건 구술 증언뿐이다. 1988년 입사 초에 총무부에서 근무했다는 김 부장의 증언에 따르면 영성프로덕션의 출시 비디오는 800여 편에 이른다는데 그것을 실증할 자료는 없다.

이우석 회장의 말씀 중에 등장하는 분들은 거의 별세하였다. 그래서 사실 확인할 수 없는 경우가 많은데 그나마 이 회장의 증언이 있어서 한국영화 100년사 연구에 검증과 이해를 할 수 있었다.

일례로 한국영화의 첫 수출, 1960년대 5.16 이후 영화법 개정으로 변화된 영화계의 비화, 당시의 영화사와 영화인들, 흥행작들의 수입 경위, 일본을 통해 수입된 외화들, 전국의 극장사 등은 기발표된 논문도 드물어 귀 기울여 볼 만하다. 2022년 한국영상자료원에서는 영화인 녹취록 시리즈로 이우석 회장의 구술집을 발간했다.

# 글을 마치며

안태근

나는 베이비 부머 맏세대이다. 어릴 적 왕십리에 살면서 동명국민학교를 다녔고 70명 규모의 한 반에서 교육받았고 10여 개의 반(클래스) 정도가 있었고 심지어 오전, 오후반이 있었다.

내가 영화감독의 꿈을 갖게 된 계기는 1967년 신상옥 감독, 신영균, 김혜정 주연의 〈꿈〉이란 영화를 보면서부터이다. 라스트 신의 부감 샷은 내게 인생 샷으로 남아있다. 그리고 그와 같은 감독이 되어야겠다고 다짐했다. 다짐만 한 게 아니라 방법을 모색했고 극장을 제 집처럼 드나들었다.

동명국민학교도 집에서 멀지 않아 걸어다녔지만 중학교도 신당동에 있는 광희중학교에 합격해 걸어다녔다. 걷는 것에 관한 한 일가견이 있었다. 먹는 것은 넉넉지 않았고 먹고 싶은 건 많았다. 그래도 부친이 사업을 하셔서 용돈에 궁하진 않았다. 국민학교 졸업 때부터 갖게 된 영화인으로서의 꿈을 키워나갔다. 나름 목표 설정이 빨랐는데 남보다 더 영화를 유심히 보았고 관련

공부도 독학했다. 그러나 원하던 안양영화예고 진학은 부모님의 반대로 포기했다. 하지만 결국에는 대학에서 연극영화학과로 진학할 수 있었다.

중앙대 연극영화학과를 다니며 명동을 나갔는데 놀이터 정도는 아니고 자주 나가 연극 관람도 하고 만났던 예술인들의 연기 및 활동을 눈여겨 보았다. 부러운 건 없었고 그저 그들의 열정을 높이 샀다. 생활고로 부대끼는 것을 보고 연기자라는 삶에 대해서는 부정적인 생각을 갖게 되었다. 영화인들이라고 형편이 나을 거라곤 생각지 않았고 그래도 해야 하니까 하며 충무로를 기웃거렸다. 영화인들은 나의 우상이었다. 모두가 스승이라고 생각했다. 이렇게 맺어진 인맥은 나의 재산이다.

군대를 가서 인제에서 군생활을 하고 다시 나와서 꾸준히 영화감독에의 꿈을 갖고 방법을 모색하며 시나리오도 창작하고 단편영화도 만들었다. 그래서 영화계 입문 5년 만에 감독 데뷔를 하였고 바쁜 생활을 하였다. 5년간 30편 가까이 만들고 시나리오를 썼으니 바쁠 수밖에 없었다. 그리고 방송사 선배의 스카우트 제안을 받아 EBS에 입문하였고 천여 편의 프로그램을 만들었다. 바쁘게 살았는데 그동안 겪었던 많은 일들은 나의 성장동력이 되었고 그만한 재산도 없다.

그리고 석, 박사과정을 졸업하고 광주의 호남대에서 교수 발령을 받아 제2의 생을 살았다.

지나고 보니 순풍에 돛단 듯하게 보이지만 처음의 희망을 버리지 않고 의지를 갖고 외길을 걸어왔기에 일군 내 삶이다. 그동안 위기도 있었고 패착도 없지 않았는데 초지일관한 것이 생존 비결이다. 위기 돌파 예를 든다면 조감독 생활시 당시 수입이 거의 작품당 10~25만 원대였는데 영화일을 계속하기 위해서는 부업이 필요하다는 것을 실감했다. 그래서 부친의 배려로 헬스클럽을 오픈하여 부수입으로 생활을 하였고 영화일도 계속할 수 있었다. 이런 형편이 안되는 분들은 영화일을 포기할 수밖에 없었다. 그러니 난 행운아라고 볼 수도 있다.

EBS 시절에도 여러 갈등이 있었지만 참고 견뎌내며 창작활동에 재미를 붙여 정년 퇴직까지 할 수 있었다. 중간에 그만둔 분들을 보면 모두가 원치 않는 삶으로 풀려나가는 것을 보았다. 그래서 EBS에서 정년을 한 건 아닌데 역시 창작하는 보람에 24년을 재직할 수 있었다.

그런 열정으로 사업을 하였다면 돈도 벌었을 것이라고 생각한다. 그러나 체질적으로 돈버는 일보다 창작에 적성에 맞았다. 나는 부자는 아니다. 그렇다고 가난하지도 않다. 평범한 중산층이었는데 요즘 세태가 너무도 어려우니 그나마 다행이고 자식들이 걱정이 된다. 이제 나도 어쩔 수 없는 아버지가 되었다.

결론적으로 뜻한 바 의지를 갖고 한 분야에서 꾸준히 일하다 보면 누구나 성공할 수는 있는데 조금 빨리 가거나, 늦게 돌아가는 차이만 있을 뿐이라고 생각한다. 누군들 모르는 이야기도 아니지만 사실 쉽지 않기에 문뜩 생각이 나서 기록을 남긴다.

'한국영화100년사' 시리즈

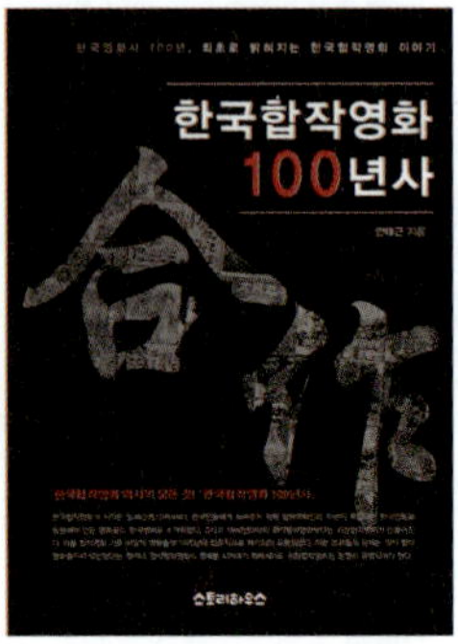

# 동아수출공사 반세기
# 이우석

**초판 1쇄 인쇄** 2025년 5월 15일
**초판 1쇄 발행** 2025년 5월 20일

**지은이** 안태근
**펴낸이** 박성복
**펴낸곳** 도서출판 월인
**주 소** 01047 서울특별시 강북구 노해로25길 61
**등 록** 1998년 5월 4일 제6-0364호
**전 화** (02)912-5000
**팩 스** (02)900-5036
**홈페이지** www.worin.net
**전자우편** worinnet@hanmail.net



ISBN 978-89-8477-745-3 03810

값은 뒤표지에 있습니다.

지은이

## 안태근

중앙대 연극영화학과 졸업
한국외국어대학교에서 신문방송학과 문화콘텐츠학 석박사학위 취득
1981년부터 조감독 활동 후 1986년 다큐멘터리 〈한국의 춤 살풀이〉로 감독 데뷔
1988년 시나리오 〈사방지(舍方知)〉로 작가 데뷔
1991년 EBS 프로듀서로 〈돌아오지 못하는 사람들〉 3부작(2004), 〈청사초롱과 홍등〉 5부작(2007), 〈안중근 의사의 유해를 찾아라!〉(2010) 등의 다큐멘터리와 〈우리들의 선택〉, 〈어린이 모험극 스파크〉 등의 드라마 연출
한국단편영화제, 한국청소년영화제, 금관상영화제, EBS 프로그램상, 이 달의 PD상 등 20여 차례 수상
전 호남대 문화산업경영학과 교수 역임
현 '한국영화100년사연구회', '한국이소룡기념사업회', '안중근뼈대찾기사업회' 회장
『청사초롱과 홍등』, 『이소룡 평전』, 『한국영화100년사』 시리즈 등 40권 집필